高校转型发展系列教材

英语师范生学科素质培养教程

郑永梅 主编
黄 岩 庄天赐 副主编

清华大学出版社
北京

本书封面贴有清华大学出版社防伪标签,无标签者不得销售。
版权所有,侵权必究。举报:010-62782989,beiqinquan@tup.tsinghua.edu.cn。

图书在版编目(CIP)数据

英语师范生学科素质培养教程 / 郑永梅主编.
北京:清华大学出版社, 2025.2. -- (高校转型发展系
列教材). -- ISBN 978-7-302-68010-9

Ⅰ. H319.3
中国国家版本馆CIP数据核字第2025XX7862号

责任编辑:王燊娉
封面设计:常雪影
版式设计:方加青
责任校对:成凤进
责任印制:宋　林

出版发行:清华大学出版社
　　　　　网　　　址:https://www.tup.com.cn,https://www.wqxuetang.com
　　　　　地　　　址:北京清华大学学研大厦A座　　　邮　　编:100084
　　　　　社 总 机:010-83470000　　　邮　　购:010-62786544
　　　　　投稿与读者服务:010-62776969,c-service@tup.tsinghua.edu.cn
　　　　　质 量 反 馈:010-62772015,zhiliang@tup.tsinghua.edu.cn
印 装 者:三河市铭诚印务有限公司
经　　销:全国新华书店
开　　本:185mm×260mm　　　印　张:10.25　　　字　数:224千字
版　　次:2025年4月第1版　　　印　次:2025年4月第1次印刷
定　　价:49.00元

产品编号:089093-01

前 言

本书以习近平新时代中国特色社会主义思想和关于教育的重要论述为指导，以教育部最新版《义务教育英语课程标准》和《普通高中英语课程标准》提出的教育理念为依据，聚焦高校师范教育应培养学生成为德智体美劳全面发展的社会主义建设者和接班人这一光荣使命，为高校英语师范专业的教学专业化发展和提升英语师范专业学生专业素质而编写，也可用作学科教学（英语）专业硕士的辅助教材。本书紧紧围绕英语师范生专业素质的基本要求，内容涵盖中小学英语实用教学法及课堂教学技巧、信息化教学能力、专业能力、教学实践能力、教师礼仪、毕业论文写作和职业发展等多个主题。

本书由7章组成，每一章围绕一个主题，每个主题由几个小节构成，全面展开各章主题内容；每章后留有思考题，供师生共同研讨，提升相应学习效果。本书内容贴合英语师范生实际需要，举例丰富，具有较强的可读性和启发性，有助于提升英语师范生专业素质。

本书编写者均为沈阳大学英语师范专业和学科教学（英语）专业硕士点的骨干教师，对英语学科素养和师范生专业素质要求有着较深入的理解。编写具体分工为：第1章王艳东、第2章符蕊、第3章周海林、第4章黄岩、第5章李大昕、第6章庄天赐、第7章前3节李兵、第7章第4节符蕊，本书主编郑永梅负责全书的章节设计及审阅。特别需要感谢的是沈阳大学签约实习实训基地沈阳市第一○七中学的大力支持，尤其是该校副校长、沈阳市教学名师李大昕老师，不但作为合作学校的代表参与了书稿编写，还对本书的整体设计和内容审校提出了宝贵意见。

由于编者水平有限，书中难免存在需完善和修订之处，敬请使用本书的广大师生提出宝贵意见和建议，以便再版时一并修正。本书全体编写人员愿诚挚地与您交流，以期为提升英语师范生学科素质作出自己的贡献。

编　者
2024年10月于沈阳大学

目 录

第 1 章 中小学英语实用教学法及课堂教学技巧 ······ 1
1.1 国外外语教学法主要流派概述 ······ 2
1.2 中小学英语教学实用教学法与案例讲解 ······ 7
1.3 中小学英语教学材料多元化与应用 ······ 13
1.4 中小学英语课堂互动游戏教学方法与技巧 ······ 16

第 2 章 中小学英语信息化教学能力培养 ······ 24
2.1 常用互动智慧设备辅助英语教学使用技能 ······ 25
2.2 最新多媒体软件辅助英语教学使用技能 ······ 29

第 3 章 英语师范生专业能力培养 ······ 31
3.1 硬笔字能力 ······ 32
3.2 粉笔字能力 ······ 36
3.3 课堂语言能力 ······ 45

第 4 章 英语师范生教学实践能力培养 ······ 59
4.1 "三习"的准备工作 ······ 60
4.2 教育见习 ······ 63
4.3 教育实习 ······ 68
4.4 教育研习 ······ 87
4.5 "三习"的改进策略 ······ 91

第 5 章 教师礼仪 ······ 94
5.1 教师的形象礼仪 ······ 95
5.2 教师的语言礼仪 ······ 100
5.3 教师的会议礼仪 ······ 103
5.4 求职礼仪 ······ 106

第 6 章 英语师范生毕业论文写作规范 ······ 110
6.1 毕业论文概述 ······ 111

- 6.2 选题、资料收集与分析 …………………………………………………… 112
- 6.3 开题报告的撰写 …………………………………………………………… 114
- 6.4 封面、诚信承诺、致谢、摘要和目录 …………………………………… 116
- 6.5 正文的撰写 ………………………………………………………………… 117
- 6.6 引文、注释和参考文献 …………………………………………………… 118
- 6.7 毕业论文的修改、排版和打印 …………………………………………… 119
- 6.8 毕业论文答辩 ……………………………………………………………… 120

第 7 章 英语师范生职业发展 …………………………………………………… 125
- 7.1 英语师范生自我认知与教师职业认知 …………………………………… 126
- 7.2 英语师范生就业能力培养 ………………………………………………… 134
- 7.3 英语师范生职业生涯规划 ………………………………………………… 143
- 7.4 国际英语教师资格考试 …………………………………………………… 156

第 1 章
中小学英语实用教学法及课堂教学技巧

基于中小学学生的年龄和学习特点,中小学英语教学也有其独特之处。很多学者和一线教师都对中小学的英语教学方法以及不同教学方法之间的比较进行了各个层面的研究和实际应用。本章从介绍外语教学方法的主要流派入手,进一步阐释国内对这些教学方法的应用并辅以案例讲解。孩子们喜欢的教学内容才是好的教学材料,孩子们接受的教学方法才是能够有效提升其语言能力的技巧方法。中小学英语教学可以在教学内容上进行尝试和创新,在课堂教学的方法和技巧上进行深入研究。

1.1 国外外语教学法主要流派概述

西方的外语教学源远流长。一般认为，最早系统地研究外语教学方法和技术的是罗马人。在整个中世纪，外语教育的核心是围绕如何将拉丁文的经文和典籍进行再创作和传播。此时的方法基本上是机械地形而上地翻译原文。此后，在历史发展的不同时期，出现了不同的语言教学方法。新出现的教学方法通常会否定已有的教学方法，针对已有教学方法的弊端，强调语言学习的某一个方面。客观来讲，每一种教学方法都有其特点和优势。

1.1.1 语法翻译法 (the grammar translation method)

语法翻译法是最古老的语言教学方法，盛行于15—17世纪的欧洲。到了18世纪，西欧一些国家确定了语法翻译法的教学地位。语法翻译法在语言教学中长期占据主导地位，主要是通过使用母语对语法进行讲解加翻译练习的方式来教授外语，教学的目的是培养学生阅读外语范文(特别是古典文学作品)和模仿范文进行写作的能力，主要用于应试。语法翻译法的教学流程包括：复习、讲授新词、语法讲练、课文讲解、巩固新课以及布置作业。在这种传统的教学模式下，教师是课堂的掌控者，学生跟随教师的指引进行学习和语法转换练习。重读写、轻听说是这种教学方法的一个弱点，且口语教学也不重视语言的实际应用。在当前的英语教学中，这种方法也没有消失，教师依然会运用语法翻译法帮助学生巩固所学的词汇和语法项目。在英语教学的各个阶段，该教学法都在持续地发挥作用。

1.1.2 直接法 (direct method)

针对语法翻译法不能培养学生听说能力的缺点，直接法于19世纪末在欧洲产生，到20世纪20年代逐渐没落。德国外语教育家菲埃托(V. W. Vietor)被认为是教学改革运动及直接法的主要奠基人。直接法主要包含三个层面的意思：直接学习、直接理解和直接应用。教学中，教师不使用母语。教师是标准目的语的唯一示范者，用动作和图画等直观手段解释词义和句子并引导学生用目的语回答问题和表达观点。这样的教学方法适用于小班型，教师能够关注到每个学生的学习情况，每个学生都有表达的机会。在学生容量大的班级中，这种方法的效果并不理想。

直接法的优点在于：①采用各种直观教具，运用接近实际生活的教学方式，有助于培养学生用目的语进行思维的能力。②注重语言实践，提升学生的学习兴趣。③注重口语和语音教学，能有效地培养学生良好的语音面貌。其缺点在于：①对于一些抽象和复杂的概念，用图画和动作无法解释清楚。②不能对语法进行详尽的解释，学生说出的话语有很多错误。直接法在中小学的英语教学中依然有着广阔的使用空间。

1.1.3 听说法 (audio-lingual method)

听说法产生于20世纪40年代的美国。第二次世界大战爆发后，美国军队需要大量的掌握外语口语的军人，因此采取了一系列的强化训练士兵听说能力的方法和手段，听说法应运而生。战后，该法被推广应用到学校外语教学中。在语言学领域，听说法的理论基础是结构主义语言学，该法强调第二语言的学习要先由说开始，通过掌握一系列的语言结构来学会目的语。语言是"说"而不是"写"，语言教学教授的是语言而不是关于语言的知识。在心理学领域，其理论基础是行为主义心理学的刺激—反应论，认为言语行为是通过刺激与反应的联结并加以强化而形成习惯，强调第二语言教学要通过大量的模仿和反复操练养成新的语言习惯。中小学生在语言的模仿上比成年人更具优势，听说法的大量运用有利于学生提升学习兴趣，丰富语言表达。

听说法的主要特点是：①听说领先，口语第一位，书面语第二位，读写为辅助。②语言的学习要经过大量的操练和模仿，教学内容以语言的基本结构——句型为中心。③学习语言时，对目的语和母语进行对比，找出学习者的难点以确定教学重点。④教师对于学生正确或错误的语言使用都要给予及时的反馈。⑤广泛利用现代化教学技术手段，如幻灯、录音、电影、电视等，通过多种途径进行强化刺激。听说法的一大缺点就是学习过程机械枯燥，不利于学生发展创造性的语言运用能力。

1.1.4 认知法 (cognitive approach)

认知法产生于20世纪60年代中期的美国。这一时期，科学技术飞速发展，国际间的政治、经济、军事、科学等各个领域竞争激烈，对于高水平语言人才的需求加大，以培养口语能力为主的听说法已经不能适应时代的需求。当时，美国的心理学、教育学、语言学等基础理论的发展也为新的教学方法的提出奠定了坚实的基础。

认知法是与听说法相对立的第二语言教学法的一大流派。认知法来源于翻译法，但不是翻译法的机械重复，而是有所发展和提高。认知法认为，语言的学习应该发挥学习者的能动性，充分利用和开发学习者的逻辑记忆和推理能力，促进其通过语言现象去分析、理解和运用语言，从而自觉地掌握语言。认知法提倡听、说、读、写齐头并进。

在语言学领域，认知法的理论基础是乔姆斯基 (N.Chomsky) 的转换生成语法。该语法理论区分先天的语言能力和后天的语言知识，认为语言有生成能力，是有限规则的无限使用，转换则是生成的重要手段。乔姆斯基认为语言是人类特有的一种先天机制，不仅应该研究语言行为，而且应该研究语言能力。在心理学方面，其理论基础是皮亚杰 (J. Piaget) 的发生认识论和布鲁纳 (J.S.Bruner) 的学科结构论、发现学习论等。皮亚杰是一位结构主义者，他认为人的认识是一种功能性结构，语言有助于动作的内化和认识的符号化及形式化；当儿童的思维发展到一定阶段后，思维和语言就相互联系、同化和协调起来；思维结构越精细就越需要更多的语言参与。布鲁纳的学科结构论认为每门学科都有一个基本结构，即各门学科的基本概念、基本原理和规律；懂得基本概念可以使学科更容易理解，懂得基本原理有利于人类的记忆。他的发现学习论以学生为中心，要求学生在教师的认真指导下，能像科学家发现真理那样，通过自己的探索和学习发现事物变化的因果关系及其内在联系，形成概念，获得原理。

认知法的主要特点包括：①以学生为中心，教师的作用是激发学生的学习动机和兴趣，指导学生从言语实践中发现规则，并为学生提供创造性地活用规则的机会和情境，从而使学生掌握规则。②注重发展学生的语言能力，使学生能够运用有限的语言规则创造性地理解和生成无限的句子。③倡导在语言学习的开始阶段就注重听、说、读、写齐头并进，全面发展。④对学生的错误要容忍，只纠正主要错误。

1.1.5　全身反应法 (total physical response)

全身反应法是美国心理学教授詹姆斯·阿舍 (James Asher) 于1966年提出的一种教学方法，倡导把语言与行为联系在一起，通过身体动作来教授外语。全身反应法的主要依据是人的大脑的左右半球有不同的功能，左半球负责逻辑思维，右半球负责形象思维，该法强调在形象思维的基础上进行逻辑思维。

幼儿是先从听开始学习母语的，当听达到一定量的时候，便会开口说。幼儿在学习母语的时候有大量的听的输入，而且身边的人在与幼儿说话的时候常常伴随很多的肢体动作。虽然第二语言的学习与母语的学习差别很大，但是听力的练习仍居于重要地位。

运用全身反应法，由教师在课堂上发出指令，学生做动作，逐步过渡到学生发出指令，教师做动作。中小学生活泼好动，因此，全身反应法可以在中小学应用。教师可以使用语言指令、实物、挂图、纸条、各类标志等作为教具，吸引学生的注意力，让学生在玩中学，快乐地学。这种教学方法可以提升学生的学习热情，消除紧张心理。全身反应法强调学生应真正理解语言，将音义结合起来，能够协调、锻炼左右脑。全身反应法主张以句子为教学单位，整句学，整句用，重视语言内容和意义，有利于培养学生实际运用语言进行交际的能力。全身反应法不急于纠正学生的错误，给学生创造宽松的学习环境，学生在学习时没有过多压力。但是，全身反应法也有其局限：其一，全身反应法一般适用于语言学习的初级阶段，对动词、名词和简单句式的学习很有效，但是对于抽象事物的表达却有困难。其二，全身反应法要求学习者要动，而年龄较小的孩子动起来后会比较吵闹，因此在课堂管理方面对教师提出了更高的要求。没有一个好的课堂秩序，孩子们的学习效果也会大打折扣。

1.1.6 交际法 (communicative approach)

交际法产生于20世纪70年代初期，创始人是英国语言学家威尔金斯(D. A. Wilkins)，代表人物还有荷兰的范埃克(J. A. Van. Ek)、英国的语言教育家亚历山大(Alexander)和威多森(Widdowson)。交际法是迄今为止影响最大、最富有生命力的外语教学法流派。

交际法博采众长，理论基础扎实。交际法的语言观认为，有效的语言学习应该通过具有真实意义的交流来实现。当学习者沉浸在真实的交流中时，他们的语言习得的内在策略便能得以应用。从心理学的角度说，要使学生的学习产生效果，必须使学习内容和学习活动与其交际需要和经验相联系，激发学生的学习动力与学习积极性。

交际法提倡学生能够获得在不同情境下进行交流的技巧。因此，交际法不重视语法的系统学习，而将重点放在学习者能够像本族语的使用者那样具有优美的语音，能够顺畅地交流。对学生的测评也是基于其交流能力而不是掌握了多少语言知识。

交际法具有以下主要特点：①强调使用目的语进行互动和交流，语言不仅正确还要得体。②选用真实的教学材料，而不是生硬的经过加工的教科书语言。③为学习者提供交际的机会，交际是学习的目的也是学习的手段，把课堂学习和课外交际活动有机结合起来。④以话语为教学的基本单位，在连贯的语篇中进行学习，反复操练。⑤教学语言为目的语，对于学生的错误有容忍度，只要不影响交际就可以不去纠正，尽量鼓励学生在语言交际中发挥主动性。⑥以学生为中心，以交际项目为纲，根据学生的需求安排交际内容。交际法的一个不足之处是根据功能(比如购票、投诉、选课、引荐同事等)安排教学内容，无法兼顾语言规则学习的系统性。

1.1.7 基于任务的教学法 (task-based approach)

基于任务的教学法在20世纪80年代兴起，是指教师通过引导语言学习者在课堂上完成一系列的任务来安排组织教学的方法。基于任务的教学法的核心是强调"在做中学"①的语言教学思想。该教学法是交际教学法的发展，在世界语言教育界引起了广泛的关注。在教学活动中，教师设计出具体的、可操作的任务，并先进行示范，然后学生通过询问、讨论、协商、交涉、解释等各种语言活动来完成任务。任务完成后学生分小组进行汇报，教师根据学生任务完成情况进行评价。

英国语言学家简·威利斯(Jane Willis)在她的专著 *A Framework for Task-based Learning*(《任务驱动学习框架》)中提出了任务型课堂教学的三个步骤：前任务—任务环—语言聚焦。前任务指的是教师引入任务；任务环包括学生执行任务、各组学生准备如何向全班同学汇报任务以及学生报告完成任务情况；语言聚焦是后任务阶段，包括学生分析其他组的任务完成情况以及学生在教师的指导下练习语言难点。基于任务的教学

---

① "在做中学"是由美国教育学家杜威提出的，指的是通过个人的亲身体验、动手实验等活动获取知识和技能。

法与 3P 教学法 [即"呈现(presentation)—练习(practice)—运用(production)"] 的区别在于，基于任务的教学法少了呈现的环节，而且练习也不多，但是运用却得以彰显，学生有更多的机会可以参与到活动中来，将语言技巧自然地结合起来，在学习的过程中兼顾准确性和语言的流利度。

基于任务的教学法的形成有赖于心理学的建构主义理论、语言学的输入输出理论以及"意义优先、聚焦形式"等理论的支撑。其优点在于：①任务活动多样，有助于激发学生的学习兴趣。②学生在完成任务的过程中锻炼了他们的语言技能和创造性思维。③在活动中学习知识，有助于培养学生的交流沟通能力。基于任务的教学法对教师也提出了较高要求：首先，教师要设计出多种贴近生活的任务，以便学生在课堂以外的情境中能使用课堂上训练的内容。其次，课堂任务要有可操作性，尽量避免环节过于烦琐。因此，针对中小学生的理解能力，设计难度适中、容易操作的任务才能切实地在课堂中应用任务型教学法。

1.1.8　基于项目的教学法 (project-based language learning)

基于项目的教学法始于美国教育家杜威 (John Dewey) 所倡导的问题教学法 (problem method)，后经过其学生——美国教育家克伯屈 (W.H. Kilpatrick) 的提炼和发展而形成，即学生通过一段时间对真实、复杂问题的探究，在小组成员的共同努力下深入发掘真实世界的问题和挑战，获取知识并产出学习成果的方法。

基于项目的学习具有如下特征：①教师仅仅在提出项目时作为主导，在项目实施的其他阶段参与很少，只在必要的时候给予指导。学生团队在项目实施过程中具有完全的自主性。②选择的项目应是生活中真实的任务，如调查全班同学的兴趣爱好、制作活动宣传页、制作近十年本地降水量表格等。③涉及多个学科知识的综合运用，因此具有综合性的特点。④项目完成后，各个小组应有实际成果，如宣传册、小程序、文案等。

基于项目的教学法一般遵循如下步骤：①设定项目的主题和内容，即具体要求学生做什么。项目可以在一定范围内由学生自选，也可以由教师规定，全班同学可以做同一个内容，也可以是难度稍有不同但相互关联的主题，这更有利于学生相互学习，能在项目的研究和探索过程中学到更多内容，也便于教师将较容易的主题布置给能力稍弱的小组。②小组内部经过商讨确定项目的实施计划和具体方案。③按照计划执行方案，最终形成成果。④教师对学生的成果进行点评和检验，并给予评价。⑤教师组织学生对完成的项目进行总结和反思。

教师在给学生布置选题前要做大量研究，因为项目涉及很多学科和领域，如果教师没有做好功课，就无法给学生以适当的指导。在项目的实施过程中，教师应该一直跟踪，给学生提供必要的支持。如果能将基于项目的教学法很好地应用，对于学生提升自信心、锻炼与人沟通的能力、加强团结协作、增强团队精神以及提高研究能力都有很大助益。

1.1.9 基于内容的教学法 (content-based instruction)

基于内容的教学法是把语言的学习和学科知识的学习相结合的一种教学理念,认为语言的教学不仅仅是学习语言本身,而应通过学习学科知识来提升语言能力。该教学法有深厚的理论基础,它汲取了二语习得理论、合作学习理论、认知学习理论、最近发展区理论等成果,而且在很多方面与交际法和基于任务的教学法是一脉相承的。

基于内容的语言学习,既能提升语言能力,也能学习学科知识,还能在日后的表达中言之有物。基于内容的教学法有三种模式:主题模式、保护模式和附加模式。主题模式指的是选取语言学习者感兴趣的主题来学习,教师围绕这个主题来组织教学。保护模式指的是在语言教学中将语言能力较弱的学生与本族语学生分开教学,也就是将语言能力较弱的学生保护起来,教师教授的重点依然是学科内容而不是语言技能。附加模式指的是为那些在某个课程学习中落后的学生开设附加课程,教师以学科内容为背景,在讲授学科知识的同时兼顾语言能力的提升。

以上教学方法都能不同程度地运用到中小学的英语教学中,而具体教学内容的选择和教学任务的设计有赖于教师根据学生的具体情况进行调整。

1.2 中小学英语教学实用教学法与案例讲解

上一节对外语教学法主要流派的发展及基本思想进行了简要介绍,本节将主要讲解如何将这些教学方法灵活运用到中小学的英语教学中,如何与具体的语言教学有效结合。

1.2.1 全身反应法与词汇和简单句教学

全身反应法比较适合年龄较小的外语初学者,它可以让学生们动起来,活跃课堂气氛,提升学习兴趣。如何在课堂上合理利用全身反应法,以及全身反应法与哪些语言技能的训练可以结合得更好一些,将通过以下案例进行分析讲解。

在表 1-1 中,Canada, weather 和 scarf 是生词,其余词汇多是学生学过的,这里进行简单复习。

表 1-1 词汇教学

word	meaning	note
Canada	n. 加拿大	生词 复习:China, Japan, Germany, Australia, America, France
weather	n. 天气	生词 复习:windy, snowy, sunny, rainy
scarf	n. 围巾	生词 复习:sweater, clothes, coat, hat, shoes, socks, trousers

1. 教学材料准备

教师可以准备两张同样的世界地图，天气晴、雨、风、雪的图片，衣服、帽子、鞋、袜子、毛衣、围巾的图片，写有 China, Japan, Germany, Australia, America, France 的字卡，太阳镜一副，雨伞一把，秒表或其他计时工具。

2. 教学演示

(1) 学习 Canada，复习 China, Japan, Germany, China, Australia, America, France

① 教师将世界地图贴到黑板上，结合课文说："Bill is going to visit Canada, but where is Canada?"。然后，教师请一位同学到前面来指出加拿大的位置。教师再问"Where is Canada?"，引导学生说出"It is here."，并指出加拿大的位置。

② 接下来，教师把写有 China 的字卡递给这位同学，让这位同学说出："Where is China?"这位同学可以从举手的同学中选择一位，让他(她)到前面，在地图上指出中国所在的位置并同时说"It is here."；然后教师给新上来的同学一张写有 France 的字卡，由他(她)来问"Where is France?"，再让这位同学在举手的同学中选择一位到前面指出法国的位置，并练习说"It is here."。按照上面的做法复习相应国家的单词，教师从旁观察，确保同学们都明白并记住了。

③ 接下来，教师可以带领同学做一个巩固游戏。全班同学分为 A, B, C 三组，每组推选出三位同学参加游戏，其余同学为监督员。一位同学负责问，一位同学负责答，一位同学负责计时。首先由 A 组同学问 B 组同学，C 组同学负责计时。A 组参加游戏的同学依次读出字卡上的国名，B 组参加游戏的同学在地图上迅速用手指出，指错可以更改，但是其他同学不可以提示，如果实在找不到，B 组另外一位同学可以上前解围，指正确后回到自己座位，剩下的游戏还是由 B 组原来的参赛同学完成。B 组同学指出后，A 组同学必须立即说另一个国名，不可以故意耽搁时间，直到最后一个。结束后，C 组负责计时的同学报告所用时长。然后换 B 组问，C 组指，A 组计时。最后是 C 组问，A 组指，B 组计时。用时最短的组获胜，教师可以奖励获胜组每位同学一朵小红花。奖励不论大小，都是对孩子们的一份肯定，所以是一定要有的，但形式可以多样，如奖小红花、赠送小礼物、先积分后换奖品、奖励 5 分钟休息、奖励一次不写作业等。

(2) 学习 weather，复习 windy, snowy, sunny, rainy

教师先在黑板上写上 wind, snow, sun 和 rain。有些教室里有风扇，教师可以打开风扇配合一下，或用扇风的方式，或者如果当天正好有风，可以打开窗户，让风吹进来。教师接着说"It is windy."，然后在黑板上单词 wind 后面加上字母 y。复习 snowy 时，教师可以戴上帽子或围巾；复习 sunny 时，可以戴上太阳镜；复习 rainy 时，可以打开雨伞。教师应强调 sunny 要双写字母 n，并在黑板上用另外一种颜色的粉笔突出强调一下。经过这样的练习和演示，学生会明确地知道，这几个表示天气的名词，在变为形容词的时候应在词尾加上字母 y(ny)。最后教师可以总结所有这些表示天气的词汇统称为

weather。

(3) 学习 scarf，复习 sweater, clothes, coat, hat, shoes, socks, trousers

教师先说："Bill planned to go to Toronto this morning by air, so he got up very early. He opened his eyes, stretched his body and put on socks, trousers, sweater and coat."。教师边说边把实物图片贴到黑板上，同时做"睁眼睛""伸展""穿袜子""穿裤子""穿毛衫"的动作。然后教师说："Bill checked the weather in Toronto last night and found it would be cold and snowy. So he put on a hat and a scarf too."。此处 scarf 是生词，所以教师可以反复说这个词两到三次。如果其他词汇都用图片，围巾最好可以拿个实物。上面的两个比较长的句子，教师可以在课前写在黑板上，或者写出其中一部分作为提示。教师在确认学生能够将两个句子读下来后就可以做下面的游戏。教师可以先找平时比较活泼好动的同学来做。这位同学站到黑板前，其他同学一起说句子，黑板前的同学做出动作，最后戴上围巾。每位同学戴围巾的方式不同，最后一幕一定很有趣。如果有多条围巾可以选择，最后一幕一定是一片欢乐的海洋。

由于到前面来做动作的同学是背对着黑板，所以教师可以调整衣服、鞋、袜的先后顺序，让其他同学能够看得见。做动作的同学会感觉有新鲜感，不会一直重复前一位同学的动作。这个游戏做三轮就可以了。通过反复说句子，同学们能够把单词和实物对应起来，但是单词的拼写并没有练习，教师应该用其他方式将这点弥补上。

这样复习单词看起来有点大费周折，因为多写几次也可以记住，但是利用全身反应法可以活跃课堂气氛，提高学生的学习兴趣。这里要强调的是，教师不是每节课都要做这么多的准备来复习和讲解单词，但是时常找机会做一做能够让课堂更加生动，师生关系也会更加融洽，学生们也能轻松接受。

全身反应法除了可以用于词汇的教学以外，还可以用来进行简单句的教学。例如：

① Please line up.

② Close the book and keep your eyes on me.

③ Hang the picture on the wall.

④ Dance and sing.

⑤ He sat on the floor and cried loudly.

教师可以让学生根据句子做动作，也可以做出动作让学生说出句子，反复练习，加深印象。

全身反应法并不适用于复杂的、具有抽象意义的句子。例如：

① I am happy to be here, but I miss you.

② Salt water is more buoyant than fresh water.

1.2.2　交际法与句法教学

交际法注重利用真实的语境来进行流畅的交流，可以根据学习者的需求安排课程内容。教师在课堂上引导并辅助学生不断地练习，直到达到流畅的标准。一些商务英语教材按照"接机""日程安排""洽谈"等主题安排课程内容。一些对外汉语教材将"我的家庭""方位""买东西""购票"以及"游玩儿"等作为主线。交际法有利于第二语言运用能力的提升，但对于语法规则的关注不够。

下面以"借东西"的表达为例进行说明。

Bill: Hi, Andy. Can I use your glue stick, please?

Andy: Sorry, I'm using it. / Sorry, I don't have one.

Bill: That's OK. Hi, Lucky. Can I use your glue stick?

Lucky: Sure/Of course. Here you are.

这个对话是同学之间日常借用文具时常见的，Bill想要借东西，另外一位同学的回复无外乎三种情况：有，但是正在用，因此不能借；没有；有，可以借。

教师在讲授这部分内容的时候，可以先示范。教师走到一位同学面前，看看他桌面上有什么，然后根据情况发问："Can I use your eraser/rubber?"。如果学生一时没有反应过来教师指的是什么，教师可以用手指一下，或者做一个擦东西的动作，学生就能领会教师的意图，然后作出相应的回答。教师做完示范以后就由学生来练习。此时，教师允许学生在教室内自由走动，练习刚才的对话。教师也在教室内走动，仔细听学生的练习情况，待绝大部分同学都练习过了，便可以进行下一个环节。

接下来要做的是"寻宝"游戏，这个游戏无法分组，是全班同学一起来玩。同学们全部回到座位，教师找出六位自愿者，其中三位寻宝员，三位监督员。教师交给三位寻宝员每人一张字条，上面用英文写着三样东西，然后给这三位同学一分钟时间，让他们各自确认字条上词的含义，以明确自己要找些什么。其余同学不知道寻宝员要找什么，而且不论自己有没有这样东西，都要保证不动声色。游戏开始后，三位同学便开始在全班范围内搜寻这些东西。搜寻的方法是找同学问是否可以借用某样东西，使用刚刚学到的句型，谁最先借来三样东西，谁就获胜。监督员的作用是跟随在每个寻宝员身后，确保他(她)和其他同学的对话是正确完整的。这个游戏既能进行句子结构练习，也能增进同学之间的友谊。根据教师提供的字条，为了能够快速找到东西，寻宝员会思考谁最有可能有这样东西，因此会最先去找那位同学。寻宝员虽然要在教室内快速走动完成任务，但要一板一眼完成交际，这也是一件很有趣的事情。

再以描述某个人外貌的讲解和练习为例。问及某人外貌，最常用的句子结构便是"What does Miss/Mr. Chen look like?"。在答语上，教师可以引导学生说出如下句子。

① She has short hair and bright eyes.

② She has round face and fair skin.

③ He always wears a hat.

④ He is tall and handsome.

⑤ She is short, but very lovely.

⑥ He has small eyes and a big nose.

⑦ She has a big mouth and white teeth.

⑧ She wears a necklace.

⑨ He wears sports shoes.

⑩ She has a dimple on her right cheek.（这句可以作为拓展）

皮肤颜色：white, black, brown, yellow。

头发颜色：black, brown, blond, gray。

眼睛颜色：black, blue, brown。

接下来，教师在黑板上贴上图片，让学生至少描述两点外貌特征。如果学生使用上面例句以外的句子，教师可以把它写到黑板上供其他同学参考，同时表扬一下这位同学。选用的人物图片最好是外貌上有显著特征的人，可以是真人，也可以是卡通人物。

例1：What does Miss Jiang look like?

She has curly hair and wears a necklace.

例2：What does Pinocchio look like?

He has short black hair and a long nose.

1.2.3　基于任务的教学法与口语教学

基于任务的教学法，主要体现在任务驱动式的教学活动设计上，关键在于如何设计可操作性强、学生喜欢、与现实生活紧密相关的任务。要设计出有意义的任务，教师需要在课前做大量的准备工作。前面讲解的交际法与句法教学的案例，实际上就是一个教学任务。只要细心观察，贴近学生生活的任务比比皆是。下面再用一个任务型的教学案例来进行说明。

上课后教师先给同学们说明本课的情境和要完成的任务。由于同学们近期学习十分努力，因此获得了一次为自己设计一天学校生活的奖励。任务的名称即为"Design a Day at School"，教师向学生解释规则：①学习的文化课程有数学、英语、化学。②所有活动都需要在校园内完成。③每个小组都需要做出作息时间表。④每组都要派一名代表讲解该组活动的特色。⑤小组讨论尽量用英语完成。下面的句型结构可以提供给学生参考。

① Shall we arrange all the lessons in the morning?

② What do you think about our school day?

③ We plan to put math in the afternoon.

④ Would you like an extra PE class?

⑤ Do you have any idea?

⑥ What should we do in the afternoon?

⑦ I prefer to separate these required lessons.

⑧ How about having a singing contest?

⑨ We'd better have an early dismissal.
⑩ What do you say?

布置完任务，学生分组活动。每组 4～6 人，组长负责组织讨论和组内成员分工，保证口语较弱的学生也能够得到锻炼的机会。在学生讨论的过程中，教师尽量不干预。如果学生有问题，教师要及时地帮助解决。讨论结束后，每组选出一个成员进行汇报，阐述本组的活动安排。然后教师予以点评，可从任务完成的质量、小组内是否每个成员都积极参与、设计的合理性等角度进行。学生语言使用上的错误教师也应该提及，不必面面俱到，找出典型的问题即可。教师提出的问题过多会打击学生的积极性，在任务型的活动中，任务完成的质量才是最重要的评价标准。

基于任务的教学法不仅可以应用于口语教学，也可以应用于语言的其他技能的教学，比如语法教学。教师可以给学生布置一个这样的任务：请同学们调查即将来临的这个周末大家准备做什么，并把调查结果用饼状图呈现出来。学生们在完成这个任务的时候就会用到句子的不定式结构："What do you want to do this weekend?"。学生可以回答："I would like to go shopping with my mom." "I want to play football with my friends." "I plan to go swimming." "It is too early to plan." 等。根据每组的具体情况，饼状图的各个区域所代表的内容也不相同，图 1-1 只是其中的一种可能性。

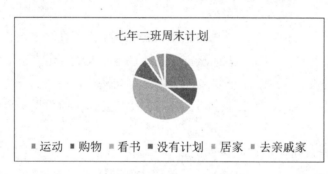

图 1-1　周末计划统计图

可以看出，语法教学同样需要口语表达，让学生们在做中学，不断地去摸索、使用，才能有长足的进步，才能提高语言的应用能力。

1.2.4　基于内容的教学法与阅读教学

前面介绍了基于内容的教学法的基本概念，简单地说，就是通过讲授内容（即学科知识）来学习语言。基于内容的教学法共有三种模式，最容易操作的是主题模式，即教师选择某一个学科主题，如保护海洋、了解大脑、植物的力量等，学生通过学习有关海洋、人类大脑的构造及植物的光合作用等知识来学习语言。教师可以基于一门学科知识，也可以选择不同学科——数学、科学、人文、地理等。教师应尽可能选择学生感兴趣的内容，这样学生才更能够集中注意力，更愿意参与和提出问题。在讲解学科知识的同时，教师可以强调某些语言的使用、词的用法、某个句式的特点，但是不要把语言的学习放在主位。

下面以有关声音的科普内容为例。

Sounds Get Things Shaking

Sounds are a form of energy. Vibrations, or back and forth movements are the sources of all sounds. Think about the music made by a saxophone during a concert. The sounds are produced as the musician blows air into the mouthpiece of the saxophone. The mouthpiece has a reed that causes the particles that make up the air around the reed to vibrate, or move back and forth. The keys are pressed to make the air moving through the saxophone vibrate faster or slower to produce high and low sounds. Then the air carries these sound waves to your ear.

Inside your ear, the vibrations continue on their journey. When the vibrating air moves inside your ear, it causes your eardrum to vibrate. The eardrum sends the vibrations to small bones and a fluid inside your ear. These vibrations are sensed by nerves and carried to your brain.

这部分内容适合初中阶段的学生来阅读学习。学生了解的重点知识是，声音是由振动产生的。"Vibration""nerves""sound wave"是关键词。教师可在课前给学生展示一两个相关的科学小实验，这样学生更容易弄懂。针对这一段内容，学生应该掌握下面几个关键表达。

① The air carries sound waves to your ear.

② Vibrations are the sources of all sounds.

③ The mouthpiece has a reed that causes the particles that make up the air around the reed to vibrate.

配合这个段落，教师可以设置如下几个问答题。

① What's the other name for back and forth movements? (vibration)

② How does the sound change when the air going through a saxophone vibrates faster? (higher)

③ In what form does the sound travel? (sound wave)

除此之外，教师还可以展示一些有关声音的视频作为拓展内容，夏日昆虫的鸣叫、击鼓、吹口哨以及共鸣现象等。基于内容的教学法对教师的要求很高，教师既要懂得学科知识，又要有良好的语言技能。

1.3 中小学英语教学材料多元化与应用

除了教材，中小学英语课堂还可以引入很多有趣的教学素材。这些素材如同作料，针对不同食材去合理调味，才能做出色、香、味俱全的佳肴。

1.3.1 歌曲歌谣

在小学阶段，用于课堂教学的英文歌曲多数是儿童歌曲，曲调欢快，歌词简单，朗朗上口。例如：外语教学与研究出版社出版的一套小学阶段使用的《悦读联播——歌曲歌谣集》，纯正英式英语，配有光盘，非常好用。对于初中生来说，儿童歌曲可能会略显幼稚，因此，一些英文原版动画中的主题曲或插曲就非常合适。这些歌曲积极向上，充满对生活的美好期待。除此之外，还可以利用网络，下载一些英文儿歌，但要认真甄别音质、配乐以及发音是否地道。

对于中学生而言，电影主题曲或插曲更能引起他们的共鸣，如《疯狂原始人》的主题曲 *Shine Your Way*，《爱宠大机密》的主题曲 *Welcome to New York*，《蜘蛛侠平行宇宙》的主题曲 *Sunflower*，《精灵旅社》的主题曲 *Cause You're My Zing*，《冰雪奇缘》的主题曲 *Let it Go* 等。

英语歌谣在教学中的应用也很广泛，因为多数歌谣都简单易懂、韵律优美，可以用于培养学生的语音和语调。以两首数字歌谣为例，如表 1-2 所示。

表 1-2 两首数字歌谣

Eat a bun	**What's Under My Hat**
Number one, eat a bun.	What's under my hat?
Number two, a cangaroo.	What's under my hat?
Number three, this is a tree.	Is it a dog?
Number four, open the door.	Or is it a cat?
Number five, this car drives.	What's in the box?
Number six, jumps and kicks.	What's in the box?
Number seven, train at a station.	Is it a mouse?
Number eight, food on a plate.	Or is it a fox?
Number nine, draw a line.	What's on the chair?
Number ten, this is my pen.	What's on the chair?
	Is it a monkey?
	Or is it a bear?
	Look it is a cat.
	Look it is a mouse.
	Look it is a monkey.
	And they're all in my house!

除了使用已有的资料，教师也可以根据授课内容自己编写一些，还可以让学生尝试写一点，三五句即可，可以用来记忆单词，也可以强调某个语法项目。总之，要让学习语言成为一件好玩的事情。

1.3.2　视频教学

合适的视频也是中小学外语课堂教学的重要资源。虽然有些学校教室里就可以上网，但依然建议教师将要使用的视频提前下载下来，因为上网的时候不可避免会有各种弹窗，多数网站还要播放广告，非常浪费时间。课堂教学中可用的视频也是多种多样，卡通片、动画电影、奥斯卡动画短片以及广告视频等，如《粉红猪小妹》《小熊维尼与跳跳虎》《爱探险的朵拉》。历年的奥斯卡奖项中都会有短片奖的提名，有的没有对白，可以训练学生的口语表达能力，让学生看完短片之后，根据短片回答问题，了解其内涵，直到学生根据动画讲出故事；有的有对白，可以训练学生的听力，布置一些任务让学生来完成。教师可以很好地利用这些资源，既能提升孩子们的语言能力，又能培养孩子们的情怀。

动画电影就更受孩子们欢迎了。教师可以选取电影片段，让孩子们模仿，然后配音，这是一个培养学生听说能力和应用能力的既生动效果又好的方法。

还有一类视频是原版广告，涉及面广，语速较快，词汇更为丰富，在中学阶段的教学中可以作为欣赏或是泛听练习，掌握大意即可。

使用视频材料的优势显而易见，生动、充满想象力、趣味性强，而且常常能给人带来视觉冲击，但是教师要在课前做好下载、节选等工作。同时，教师还要具备一定的视频编辑能力。教学资源能不能得到合理有效利用，需要教师的一双慧眼和一腔热情。

1.3.3　故事教学

英文故事也是很好的教学资源，教师要根据学生学习水平的不同选择难度不同的故事。对于中学生，短篇小说是不错的选择，每个故事都是一个完整的文本。教师可以每周拿出一定的时间给学生读故事，然后和学生交流故事情节以及故事背后的深意。文字简单、篇幅短小的故事适合小学生，篇幅较长、文字优美的故事适合中学生，既能培养学生的语感，也能帮助学生提升听力水平。优秀的短篇小说往往蕴藏着丰富的人生哲理，教师可以与学生一起阅读、讨论。

可以选择英文原版故事，这有助于学生了解西方文化，了解语言背后的文化知识。对于小学生，可以复述故事以巩固练习，教师可以提供图片给学生参考，也可以用简笔画作为提示，还可以把故事作为素材用于角色扮演。

1.3.4 绘本教学

与前面提到的故事教学有所不同的是，绘本通常文字很少，图画很多，甚至没有文字，给读者留出了想象的空间。很多课外的教学机构针对幼儿采用绘本教学，受到了很多家长的欢迎。小学低年级的学生也适合绘本教学，通过不断重复的语句和生动有趣的画面，学生很容易融入课堂活动。绘本可以用来听也可以用来读，教师若能将绘本做成课件在大屏幕上展示给学生效果会更好。选择的绘本可以是原版作品，也可以是自己编写的，总之要确保语言使用的准确无误。

好的绘本不仅会给孩子呈现色彩丰富、形象鲜活的画面，还能教会孩子做人做事的道理，将思维和道德教育寓于语言学习之中。若是有声绘本，教师可以引导学生做模仿练习，有利于学生练就优美的语音语调。在进行绘本教学时，教师应以培养学生的读书兴趣、积极开展听说练习为主，无须刻意强调词汇、语法的学习。无字绘本更能激发学生的想象力，因此，针对初中的学生可以尝试使用。学生们可以分组讨论，为无字绘本配上文字。每个人对于无字绘本的理解都有所不同，通过小组内协商，达成一致意见，然后落在文字上。这个教学任务还可以再延伸一些：教师预先按小组数量准备好绘本的黑白复印件，在充分讨论以后，让学生课后仍然以原来的小组为单位对绘本重新涂色，也可以增加适当的设计，并配上手写的文字；然后，教师把每组的作品装订成册，由学生在班上朗读。

1.4 中小学英语课堂互动游戏教学方法与技巧

游戏环节是孩子们的最爱，甚至成人的英语教学也需要游戏来调动学习的积极性。游戏在课堂上主要有两个方面的作用：一是复习巩固所学的语言知识；二是活跃课堂气氛。下面这些游戏可以结合不同的教学内容在课堂上应用。

1.4.1 Bingo(宾果)

Bingo 是一种填格子的游戏，按照规则谁最先连成一条线就算获胜，连成的线横向、纵向或斜向都可以，获胜者要喊出 Bingo。这个游戏适合数字和单词的学习。教师给每个学生一张有 6×6 格子的纸，每个格子内都写有一个数字，教师随机用英文读出数字，学生可以用笔在纸上圈出，谁最先连成一条线就成为获胜者。如果把数字换成英文单词，就变成了词汇练习。词汇练习最好以主题的形式呈现，如水果、家具、车辆、蔬菜以及动物等。词汇游戏可以用单词对应图片，也就是发给学生的纸上是水果、家具、车辆等的图片；也可以用图片对应单词，也就是纸上格子里面是单词，但是教师在读的时候要读出单词。Bingo 游戏也可以反向玩，学生说单词，教师说 Bingo，哪一个学生最先让老师说了 Bingo 就可以获得小礼物一份。礼物不在大，让学生收获一份喜悦即可。

1.4.2 Lip-reading（读唇语）

Lip-reading 可以作为课前热身使用。中小学教师通常会为学生读课文，但是读课文的时候学生们往往不会关注教师的口型，只顾埋头看书，一听而过。Lip-reading 可以有效避免这种情况的发生。教师告诉学生他将要读某个单元的课文，但是并不明确要读哪个段落，只做出口型，不发出声音。学生会认真观察教师的口型，然后积极地搜寻课文，找到后依然要关注教师口型的变化，才能知道教师读到哪里。

如果学生对于课文足够熟悉，教师还可以做 Lip-reading 的跟读游戏。教师做 Lip-reading，学生们根据教师的口型，复述教师所读的内容。为了帮助学生理解，教师可以适当加入肢体语言，比如点头、摇头、无奈的表情、开心大笑的表情、疑惑的表情等。当学生对于课文内容足够熟悉以后，还可以加大难度，读一些课文以外的内容。最好选取句子或者小段落，让学生根据教师的口型复述。如果还想再难一点，可以让学生把读过的句子写下来。游戏结束后教师要将正确内容清晰地读出来，写对的学生一定非常有成就感。

1.4.3 Look for differences（背对背找不同）

找不同的游戏绝大多数人都玩过，拿两幅相似的图画，其中有几处不同，颜色不同、花纹不同、人或物数量不同、位置不同或者多一物少一物等。玩游戏的人通过仔细观察两幅图来找出不同，不同之处越多，则难度越大。背对背找不同的游戏一般两人一组，每人手里各拿一幅相似的图画，背对背坐着，因此相互之间看不到对方的图是什么样子的，只能通过相互询问才能得出答案。教师根据课堂安排以及学生自身的特点选择不同难度的图画，每一次的难度应该相同。玩游戏之前让学生两人一组，背对背坐好，然后再发放图片。游戏过程中，教师要监督学生是否始终使用英文，学生不能偷看作弊，最先找对不同的组获胜。

这个游戏可以锻炼学生的口语表达能力和观察能力。常用到的句式有：

① How many people/trees/cars/birds are there in your picture?
② What's the colour of your house?
③ Is your car close to /far away from the building?
④ Is the man in a checked shirt?
⑤ Do you have a dog /an aeroplane/a ball in your picture?
⑥ Is the rock big or small?

如果问题问对了方向，很快就能找出所有不同，否则可能需要很长时间。学生语言表达的准确性和对语言的理解力都会对游戏的结果产生一定的影响。

1.4.4　Yes-no Questions(是不是)

所谓 Yes-no Questions 就是回答问题只能用 yes 或者 no，不可以用其他描述性语言。这个游戏大家一起玩，需要准备的东西有实物卡片和一个头箍，卡片上的图片应该是学生学习过的，比较熟悉的，能用英语表达出来的东西；头箍可以自己制作，前面能夹住卡片。游戏开始的时候，教师选出一名学生到讲台前，或者让学生自荐。教师给一个学生戴上头箍，然后让另外一个学生选出一张卡片夹在头箍上，要保证站在教师前面的学生看不到图片是什么。接下来，这名学生就要通过一系列的问题来判断头上的图片是什么。例如：

Student A: Am I an animal?

Other students: No.

Student A: Am I a vegetable?

Other students: No.

Student A: Am I a person?

Other students: Yes.

Student A: Am I a man?

Other students: No.

Student A: Am I famous?

Other students: Yes.

Student A: Am I a singer?

Other students: No.

Student A: Am I a movie star?

Other students: No.

Student A: Am I a writer?

Other students: Yes.

Student A: Am I Jane Austin?

Other students: Yes.

在这个游戏中，学生反复练习一个句式 Am I...，非常容易操作。学生的参与度很高，经过一番猜测，终于猜到正确答案时的喜悦不言而喻。

1.4.5　Simon says(西蒙说)

这个游戏包含了很多肢体动作，成人和孩子都非常喜欢，也是典型的 TPR(total physical response，全身反应法) 教学方法。一般由教师发布指令，学生们执行指令，如举起右手、把左手放在头顶、跺跺脚、转一圈等。学生只能执行前面有 Simon says 的指令，如果没有却执行了，就要退出游戏，最后一个剩下的人便是获胜者。教师在给指令的时候，在语言上会有一些小技巧。举例说明：

Teacher: Ready? Go!

Simon says: Put your hand on your head.

And pat twice gently.

后面一句的"pat twice gently"前面并没有"Simon says"，所以学生不应该做任何动作，做了动作的同学就要退出游戏。除此之外，教师还可以通过加快指令的速度来加大游戏的难度。还有一个小技巧是用否定句。如：

Simon says: Stamp your right foot.

Simon says: Turn left.

Simon says: Do not smile.

学生在此前一直听到的都是肯定的指令，突然出现否定的指令就会让他们出错。这个游戏，既能锻炼学生的听力和理解能力，也能训练他们的反应能力。

1.4.6　What's a Boogsy？（Boogsy 是什么？）

Boogsy 并不是一个正确的单词，它仅代表未知的一样东西，教师可以用任一不是单词的词来代表，Gesoac, Pipor, Ceesee 等都可以。教师准备一些描述这样东西的句子，然后将学生分组，把写有描述单词的字条发给学生。学生针对描述进行讨论，然后猜出 Boogsy is _____.

举例说明：

A boogsy is always made of plastic.

A boogsy can be transparent.

A boogsy is water proof.

Kids like boogsy.

People will be very hot in a boogsy.

A boogsy has a hat.

A boogsy can be put in a small bag.

A boogsy is very useful in rainy days.

Answer: A boogsy is a raincoat.

1.4.7　Find family members(找家人)

Find family members 的游戏很有趣，能在很大程度上活跃课堂气氛。教师要准备一些描述人物基本信息、特点、活动、外貌等方面的卡片，两张卡片为一组，持有 A 卡片的人要找到持有 B 卡片的人。例如：

卡片 A：You have a sister of seven.

　　　　　　She goes to Highlands Elementary School.

　　　　　　She enjoys reading a lot.

　　卡片 B：I like reading very much.

　　　　　　I am only seven and I am a girl.

　　　　　　I go to Highlands Elementary School.

这样一组对应的信息还是比较好找的。还可以让其他卡片的信息与卡片 A、卡片 B 有所重叠，这样可以增加难度。例如：

　　卡片 C：You have a sister of seven.

　　　　　　She goes to Kelly Springs Elementary School.

　　　　　　She reads only cartoons right now.

　　卡片 D：I am a seven-year old girl.

　　　　　　I go to Kelly Springs Elementary School.

　　　　　　Cartoon books are my favourite right now.

这四张卡片信息都有重叠，学生要详细询问相关信息才能确定是不是他要找的家人。当然，这个游戏不是看着卡片找，而是在教师发下卡片后学生要认真阅读并把卡片内容记下来。游戏开始后，学生要凭着记忆找到家人。教师设置信息时最好使用当前学习的词汇和语法。

1.4.8　Can you come to my party？（可以参加我的聚会吗？）

假设每个学生都要举行一次聚会，邀请全班同学参加，通过问答的形式练习如下句子结构：

Student A: Can you come to my party?

Student B: When?

Student A: Tuesday evening at 6 p.m.

Student B: Yes, I would like to go./Oh, I'd love to, but I have math club on Tuesday evening.

游戏前，教师发给学生一个写有星期一到星期五的表格，让每个学生选择一天举行自己的聚会，然后再选择一天有课外活动、一天需要外出。每个学生的选择都不相同，所以这个游戏才好玩。教师让学生在自己的表格里填上相应的内容，然后允许学生在教室中自由走动，邀请同学参加自己的聚会，并把能参加的同学的名字写在表格旁边。学生们在做这个游戏的时候，一定是跑来跑去，热闹非凡。教师应确保学生练习句式，而不能使用中文交流，能邀请到最多同学的学生获胜。

1.4.9 The same letter(同一个字母)

The same letter 这个游戏既考验学生的词汇量，也考验句法。游戏的规则是：教师给出一个字母，学生要用以这个字母开头的单词造句，每句话不得少于 5 个单词，且每一个单词都要以这个字母开头。比如教师要求学生用字母"T"开头的单词造句。

① The teacher tied the tiger tight.
② Tim told Teddy that the test tested tea types.
③ Three tailors tried the tasty tomatoes.

这个游戏一般分组进行，小组成员可以一起讨论，集思广益。做这个游戏只需考虑单词、句子使用正确即可，至于逻辑性的问题可以不用考虑。哪一组最先做出一个完整的句子就赢得了比赛。再如下面的例句：

① Little Lilly likes learning laughing loudly.
② Alex ate an apricot and an apple.
③ Be beautiful by being benevolent.

这个游戏还是有一定难度的，适合初中学生使用，因为他们的词汇量大一些，组织语言的能力也强一些。

1.4.10 Memorize and write down stories(记写故事)

记写故事这个游戏考验学生的记忆能力和词汇拼写能力，适合 15 人左右的班型。大约 60 字，7～8 句话的小文章，文章的数量为班级人数的一半。这些文章内容不能重复，难度要适合学生水平，不要有生单词，以学生能够读懂为准。教师课前将这些文章贴到教室走廊的墙上，注意高度要适合学生观看，标好组号。游戏开始时，教师让学生自己组队，两人一组。如果出现单人，可做监督员或最后一组三人组队。然后，抽签决定组号。游戏的规则是：一个人负责到走廊去看对应组别的文章，并记住，然后回来告诉本组的另外一位同学，这位同学负责将文章写下来，哪组最先完成，且错误率最低则为获胜组。一次性将文章记下来几乎不可能，因此，负责记忆的学生就要来回穿梭于教室和走廊之间。这就是为什么这个游戏不适合大班型，因为太多学生来回穿梭会让课堂非常难管理，也会影响隔壁班级的正常教学。

1.4.11 Add an episode(锦上添花)

锦上添花这个游戏特别适合一般过去时或一般现在时的训练。以一般过去时的训练为例，教师发给学生一张只写着一个故事开头的纸，然后让学生续写，每个学生都要根据故事情节用过去时补写一句话，直到最后一个同学写完。如果全体同学以个人为单位补写同一个故事会造成课堂时间的很大空闲，因为一个人正在写，其他人无事可做，所以教师可以在做故事补写的同时给学生分派其他任务，两个任务同时进行，填补时间空白。除此之外，分组也比较可行。将学生分成若干组，教师准备和组数相同的故事开头，比如5组，分给每组一个故事开头，小组商讨决定如何续写。当组数较少时，教师可以要求每组续写2句或3句话，写完后换另外一个故事，最后会呈现出5个故事，每个故事有10～15句话。

故事写完后，还有很多其他活动可以做。先全班分享故事，然后针对故事进行问答练习、改错练习以及讨论等。

1.4.12　Role play(角色扮演)

角色扮演可以与故事教学和绘本教学结合起来，如果教师可以带领学生制作简单的道具，效果会更好。以《三只小猪》为例：三只小猪离开妈妈各自盖房子去了，第一只小猪盖了一个草房子，第二只小猪盖了一个木房子，第三只小猪盖了一个砖房子。大灰狼来了，吹倒了草房子，推翻了木房子，只有砖房子最结实，三只小猪躲在砖房子里才躲过了大灰狼的攻击。这个故事学生们几乎都听过，操作起来也简单。教师需要准备一个大灰狼的帽子、三个不一样的猪鼻子道具和三个不同材质房子的图片。

角色扮演也需分组进行，每组5名学生，3名扮演小猪，1名扮演大灰狼，1名旁白。学生需要10～15分钟准备，然后按组表演。同学们可以参与评比，投票选出最佳表演奖，每组只能投出1票，且不能选自己组。学生的观点不一定客观，因此教师最后应进行点评，指出优缺点，给予学生更多鼓励。

1.4.13　Drama performance(戏剧表演)

戏剧表演需要很多准备和练习，由于课堂上没有足够的时间，因此通常会在课外进行准备。戏剧表演作为课程的阶段性总结，可以是配合教学材料的戏剧，也可以是学生自己创作的戏剧。如果是学生自己创作，可能会需要教师对学生的剧本进行把关、修改。戏剧还需要很多道具，包括服饰、布景等。中小学都可以进行戏剧表演，教师要关注戏剧的难易程度。戏剧表演比角色扮演要复杂一些，人物数量更多、故事情节更为曲折。

对于首次尝试戏剧表演的学生，教师可以帮助他们选取较为简单的多次表演过的案例，如《白雪公主和七个小矮人》《威尼斯商人》《仲夏夜之梦》《爱丽丝梦游仙境》等。教师可以先引导学生欣赏其他人的表演，然后根据学生的实际水平进行改编，也可以从这些表演中找到灵感，再选取故事中的片段进行创作。戏剧表演是一个较大的工程，需要教师带领学生提前几个月进行准备。戏剧表演由于有服装和道具的需求，家长往往也会参与其中，因此，便成为家长、学校和学生的三方合作。

章节思考题

1. 基于任务的教学法的主要特点是什么？英语教师在运用这一教学法时应如何设计教学任务？

2. 教学资源的多元化是提升教学效果的重要途径，你认为除了本章中提到的资源，还有哪些资源可以应用于中小学英语课堂？

3. 本章提到的课堂游戏有哪些是你了解的？找出一个你最喜欢的课堂游戏，并说明如何在教学中使用。

参考文献

[1] 武和平，武海霞. 外语教学方法与流派 [M]. 北京：外语教学与研究出版社，2015：20-46.

[2] Jane Willis. A Framework for Task-Based Learning[M]. Italy: Addison Wesley Longman Limited, 1996: 23-63.

[3] 章兼中. 国外外语教学法主要流派 [M]. 福州：福建教育出版社，2016：50-115.

[4] Rebecca L. Johnson. The Magic of Light and Sound[M]. 北京：外语与教学研究出版社，2003：5-10.

[5] Jason Peter Geyser. 英语课堂活动 100+ 例 [M]. 上海：上海外语教育出版社，2013：15-62.

第 2 章
中小学英语信息化教学能力培养

本章将介绍常用互动智慧设备和最新多媒体软件辅助英语教学的使用技能,以帮助教师提高中小学英语信息化教学能力。

2.1　常用互动智慧设备辅助英语教学使用技能

常用互动智慧设备主要是指采用最新智能全融合技术，以智慧终端为核心，凭借强大的接入能力，集多种硬件模块、系统应用于一体，智能融合多种周边接入设备，为辅助教学提供应用，形成服务于教务管理、课堂教学、资源应用的新一代智能交互设备。智慧设备在英语教学中的使用，可方便教学管理、提高教学质量、便捷学生学习以及优化教师授课环境。

2.1.1　互动电子黑板设备

互动电子黑板设备是高科技互动教学产品，主要采用电容触控技术，通过触控实现智能电子黑板和传统教学黑板之间的无缝切换。将多媒体设备和传统的手写黑板相结合，既可以像普通黑板一样用粉笔正常书写，也可以像大的平板电脑一样，用手触控观看图片、动画、视频等，做到传统和现代的结合，实现互动教学的创新突破。

1. 设备构成

互动电子黑板设备是常用智慧教室的主要组成部分，从外观上看，它类似于正常黑板大小的壁挂式大型液晶电视。其正面是一个由三块拼接而成的平面普通黑板，打开电源后，中间一块呈现液晶显示画面，可以进行触摸互动；关掉电源后，液晶显示画面还原成普通黑板，可以在上面用无尘粉笔书写。电子黑板的表面为钢化防护玻璃，内嵌多媒体液晶显示面板。触摸屏连接内置计算机操作系统以及计算机外部设备，内置计算机配置依据实际需求而定，也可以只使用显示器功能。一般使用模块化计算机，内置 Wi-Fi、网卡，自带 windows 微软系统及教学电子白板软件。互动电子黑板设备的配套教学辅材包括：配套自动喷水黑板擦、环保无尘水溶性粉笔、配套粉笔套以及配套教学电容触控笔。由于该设备采用壁挂式，要求所在教室的墙体务必承重，能做固定壁挂架。综合布线位置为机器的正中间，以保证互动黑板无线化、教学安全化。

2. 主要功能

互动电子黑板设备集计算机、电视、网络和展示台四大功能于一体，也被称为液晶触摸一体机，可以从黑板切换到触摸屏，并通过软件平台用互动的方式呈现教学内容(如 PPT、图片、动画、视频等)。其尺寸符合国家教育部黑板标准，符合老师的使用习惯。其内置主机一般采用国际领先的 Intel 处理器系统和固态 SSD 硬盘，启动速度快，同时支持硬关机；增加无线网络集成功能，用于支持网络化和数字化的日常教学。

3. 在英语教学中的应用

互动电子黑板设备内置的教学软件，可以在显示屏呈现不同课程的教学内容，如语文课对应有电子字典,英语课对应有四线格,数学课对应有各类几何图形等。其互动模板能把枯燥的教学素材变为交互性好、视觉冲击强的互动教学课程,通过触控黑板的表面进行交互。教师可以利用简单、人性化的交互操作,有机地连接互动教学内容,同时,人机互动结合视听感受,让教学和学习过程不再枯燥,帮助学生加深对知识的记忆和学习。

在英语教学中,教师可以充分利用互动电子黑板设备的双向互动性与电教的丰富性,除了随意书写、画图、批注重点外,还可以使用或编辑丰富多彩的电子课件,在粉笔板书和多媒体应用之间自主切换。例如,在语音教学中使用收录机功能,用于语音发音示范、领读、纠音、音调对比等训练;在听力教学中通过播放音频进行填空、听写、问答等练习;在视听教学中,通过播放视频获得语言的真实情境,利用触摸屏控制播放、回放、静音、定格等,从而组织各种训练,如配音、描述、续编、角色扮演等;在阅读、词汇、语法等课堂教学中,教师可以通过平板端实时、可视化地遥控教学屏幕授课,从而脱离传统讲台的限制,走到学生中间,与学生零距离互动;在写作教学中,学生可以通过平板终端主动或被动地将自己平板端的屏幕转投到教学大屏,教师可实时批阅并实时转投到大屏进行点评,也可以安排学生互评互改作文。

由于学生水平不同,教师可以利用电子黑板更好地实现差异化教学,对学生进行分组,并且根据不同组别学生推送不同的学习资料和测试试卷,达到因材施教、分层教学的目的。此外,随着现代网络技术的发展,教师可以通过互动电子黑板设备内置的计算机控制系统,连接网络,实现远程控制、远程教学、远程改卷、远程上课、远程出题、远程会议、线上学术报告、线上会议、线上研讨、线上交流等功能,以应对特殊时期的教学要求。

4. 使用和维护技能

面对功能丰富的互动电子黑板设备,教师在使用时要明确自己的主导作用,熟练掌握设备的各项功能,不可只将其简单地当成一个大型液晶电视或计算机使用。在教学中注意分析教学需求、分析教材,有选择地、巧妙地运用各种功能,不要被丰富的功能弄得眼花缭乱,使教学成为功能演示会。使用前一定要进行专业技术培训,使教师掌握设备相关软硬件使用技巧,并能够在课后二次共享,方便教师备好课、讲好课。

教师应了解互动电子黑板的一般特点,对电子黑板进行基本的日常维护。教师在上课前一定要培训学生,让他们熟悉互动电子黑板设备的清洁和保养,要明确告知学生该设备的使用规定和注意事项。如果课堂上有一段时间不使用,可以充分利用休眠功能,使学生的注意力集中于教师的讲解或其他教学素材。下课后要及时关机或设置定时关机功能。

2.1.2 智慧教室设备

智慧教室是多媒体和网络教室的高端形态，它基于物联网、云计算和智能技术等智慧终端，集智慧教学、自动录播、远程互动、智能物联、校园电视、自由扩声、视频监控及远程管控等功能于一体，既包括有形的物理空间和无形的数字空间，又能通过各类智能装备辅助教学内容呈现，便利学习资源获取，促进课堂交互开展，实现情境感知和环境管理功能。智慧教室设备能够全面提升教室的信息化水平，改善人与学习环境的关系，为教学活动提供人性化、智能化的互动空间，为教师教学和学生学习创造更加良好的新型教室环境。

1. 设备构成

智慧教室设备主要包括以下九个系统：教学系统、LED 显示系统、人员考勤系统、资产管理系统、灯光控制系统、空调控制系统、门窗监视系统、通风换气系统和视频监控系统。教师可重点了解其中以下几个系统的设备构成情况。

(1) 教学系统。教学系统由内置电子白板功能的触控投影机一体机、功放、音箱、无线麦克、拾音器、问答器和配套控制软件构成。该系统用内置电子白板功能的触控投影机代替传统的黑板，实现无尘教学，保障师生健康；教师在投影画面上操作计算机，实现交互教学。

(2) LED 显示系统。LED 显示系统由 LED 面板拼接而成，装在黑板顶部，用于显示课程名称、任课教师、专业班级、出勤率以及教室内各传感器采集的环境数据(如室内温湿度等)。

(3) 人员考勤系统。人员考勤系统由 RFID 考勤机、考勤卡和配套控制软件构成，对学生进行考勤统计和身份识别。同时可通过网络实现对考勤情况的监控、统计以及存档和打印等工作。

(4) 灯光控制系统。灯光控制系统由灯光控制器、人体传感器、光照传感器、窗帘控制系统和配套控制软件构成。通过人体传感器来判断教室内对应位置是否有人，无人时灯光控制系统及窗帘控制系统处于关闭状态，反之则处于工作状态。

(5) 通风换气系统。通风换气系统由抽风机、二氧化碳传感器和配套软件构成。通过二氧化碳传感器监测室内的二氧化碳浓度，根据软件预设值分析数据，当室内二氧化碳浓度高于软件预设值时自动开启抽风机进行换气，补充室外空气以降低室内二氧化碳浓度。

(6) 视频监控系统。视频监控系统由 Wi-Fi 无线摄像头和配套监控软件构成，为安防系统、资产出入库、人员出入情况等提供查询依据。在教室内安装 Wi-Fi 无线摄像头可以采集教室内部实时影像，经远端射频单元传送至终端管理计算机，提供实时监控。

2. 主要功能

(1) 常态化录播功能。该功能采用集成化设计，支持采集教师和学生的全景和特写画面，支持同步采集板书特写和计算机PPT信号，内嵌图像识别跟踪模块、高清录播模块、直播、点播模块和导播切换模块等，用摄像机实现画面自动跟踪和切换，融合图像识别跟踪技术、高清视音频处理技术及网络直播技术，把上课过程录制下来，以积累在线教育视频资源，提高课程视频的制作效率，并支持直播和后期点播。

(2) 互动录播功能。该功能通过在教学计算机中安装的互动录播软件，采集教师和学生特写、教室全景、教学计算机画面等多路音视频信号，实现在授课过程中本地教室与远程听课教室之间的同步授课，以及实时音视频互动交流，使不同班级甚至不同区域的学生共学一节课、同念一本书。

(3) 网络巡课功能。该功能通过常态化录播和云录播采集教学视音频资源。通过巡课平台软件管理教学资源，采用多画面显示巡课屏幕，教师和学生画面随意切换或全屏观摩，满足多角度巡课需求。通过互联网实现实时巡课，或把教学音视频存储在云平台，按需调用。

(4) 智能物联功能。该功能由教学设备（多媒体设备）、教室设备控制和环境感知三部分组成，可实现各教室设备之间的互联互通，对设备进行本地或远程控制，智慧化识别、监控、跟踪和管理；实时监控可以及时发现安全隐患，并迅速通知相关工作人员，确保安全、方便管理和维护。

(5) 无感考勤功能。该功能以人脸识别技术为基础，在上课期间对学生进行扫描抓拍，与人脸库中的图片进行比对分析，自动得出考勤结果，整个过程无须人工参与，能够有效地解决代答和代签问题，节省教学时间。

(6) 主控功能。该功能通过后端集控管理平台，将监控设备接入监控系统，对整个系统进行集中管控；实现对所有前端设备的可视化管理、状态查看和远程控制等。通过全面统计及智能分析各类教学数据，实现按时间、班级、课程、教师、学生等多维度统计数据，智能推送给教师、管理员、校领导、督导员、巡课员等，充分利用数据的价值。

3. 在英语教学中的应用

智慧教室设备可以根据学生学习行为提供直观数据，帮助教师了解学生对知识掌握的情况，基于数据分析来调整教学策略。在英语教学中，教师可将课堂实况进行同步录制或课堂直播，录制后的文件上传至云平台服务器，通过资源平台软件对文件进行集中管理，以共享、发布、存储、点播、直播等形式，满足不同水平学生的个性化需求。此外，英语教师可以通过课前预习测评和课中随堂测验进行即时分析，准确把握每个学生掌握知识的状况，实现对学生的个性化学习能力的评估，有针对性地制定教学方案和辅导策略，推送个性化的学习资料，制作针对个人的"微课"，实现以学生为中心的"一对一"的个性化教学。

在使用智慧教室设备的过程中，教师可根据知识构建的需要在英语教学中采取小组协商讨论、合作探究的学习方式，通过协作群组服务功能帮助有相同学习需求和兴趣的学生自动形成学习共同体，就某个英语问题开展深入的互动交流，帮助学生实现对所学英语知识的意义建构。英语教师需要培养随机应变的能力，根据教学进程中出现的新情况，基于动态学习数据分析和即时反馈，及时调整课前的教学设计，优化和改进课堂教学进程。

4. 使用和维护技能

为充分发挥智慧教室在课堂教学中的作用，提高智慧教室的使用效率，保证智慧教室设备资产安全，合理高效地使用智慧教室设备，满足课程资源制作和录播需求，智慧教室设备应指定专人负责管理、运行和维护，认真履行工作职责，配合教师、学生完成智慧教室教学任务。教师在使用智慧教室前应进行操作培训，按教学计划制定具体教学方案，教学形式原则上以多媒体教学、课堂讨论互动为主，并做好充分的课前准备，亲自调试教学课件。同时，为避免停电或设备故障等影响正常教学事件的发生，教师还应准备应急措施，如纸质教案等教学材料。

在进入智慧教室上课时，应保持教室卫生干净整洁，不应将饮料、食品带入食用，禁止吸烟、乱扔废纸和杂物；在使用设备时，要按操作规程使用，爱护教室内所有设备及物品，不得擅自改动仪器设备的连接线，不得擅自移动、接驳或拆卸任何仪器设备，不得用手触摸、敲打、拆卸教室内相关设备(如计算机、摄像头、话筒等)；如果需要安装其他教学常用软件，应提前向管理人员预约安装；未经允许，不得在计算机上安装、卸载系统软件或更改设备参数；承载课件的光盘、U 盘、移动硬盘等要求不含病毒，以免影响他人正常教学。如果设备出现异常，不要擅自乱动，应及时向管理人员请教，以免损坏设备。使用智慧教室设备指导学生进行教学训练的教师，应带领学生到场，对学生的教学训练进行观摩、指导和评价；学生进入智慧教室后应保持安静，认真完成教学训练，保持教室内整洁卫生，如设备出现异常或学生对其使用方法不明确，应及时向指导教师或管理人员请教，以免损坏设备。无关人员不宜在智慧教室内逗留、围观，以免干扰教学训练；未经管理人员批准，学生不应进入控制室。

智慧教室设备使用结束后，应认真填写实验登记本，检查教室内教学设备、空调、电源等是否关闭，及时打扫卫生，关好门窗，经管理人员检查、同意后离开教室。

2.2 最新多媒体软件辅助英语教学使用技能

在英语课堂上采用多媒体软件辅助教学是教学手段现代化的一种重要形式，是英语学科教学特色的重要体现。教师运用、修改或编辑多媒体演示课件，将课堂中需要展示给学生的文字、声音、图片、动画、影片等资料，与多媒体软件有机结合，用于互动电子黑板设备上，以取代录音机、投影仪等传统电教仪器和板书。多媒体软件集声、光、色、像、图等多种元素为一体，以其灵活的表现形式和良好的交互性能，让英语课堂变得生动活泼，有效地使学生在认识上和行为上产生预期的变化，培养学生的兴趣和能力。

1. Camtasia Studio 微课制作软件

Camtasia Studio 是专业的屏幕录像和视频编辑的微课制作软件套装。该软件提供了屏幕录像、视频剪辑等功能。微课是一种以微视频为核心，区别于传统课堂的新型现代化教学手段，英语教师可以借助微课将课堂中的重难点、易错易混点、拓展性知识等内容碎片化、显性化、形象化、传媒化，营造一个与具体教学活动紧密结合、情境化的教学环境，方便学生多感官反复学习，加强记忆。掌握微课制作技术辅助课堂教学是合格英语教师的必备技能之一。近几年，制作微课的软件层出不穷、各具特色，用 Camtasia Studio 进行微课制作简单易学，使外语教学效率大大提高。

2. Microsoft Office PowerPoint 演示文稿软件

Microsoft Office PowerPoint 是一种演示文稿图形程序，是功能强大的演示文稿制作软件。PowerPoint 制作的文稿支持多媒体播放，也可将演示文稿打印成一页一页的幻灯片，使用幻灯片机或投影仪播放，并可在幻灯片放映过程中播放音频或视频。完整的 PPT 文件一般包含：片头动画、PPT 封面、前言、目录、过渡页、图表页、图片页、文字页、封底、片尾动画等。所采用的素材有：文字、图片、图表、动画、声音、影片等。

3. Prezi 演示文稿软件

Prezi 是云端演示文稿制作软件，用户可在 Prezi 网站在线创建编辑或在客户端离线编辑制作。它采用故事板格式通过动画演示关键点以及缩放式用户界面实现了由整体到局部的开放性思维方式。除了平移和缩放，该软件还支持图片、视频、PDF 等各种媒体素材的嵌入，可以多人在线编辑，生成的演示文稿既可以在本地观看，也可以上传到服务器或嵌入网页在线查看。它打破了传统 PowerPoint 的单线条时序，采用系统性与结构性一体化的方式进行演示，以路线的呈现方式用一个素材引导另一个素材，配合旋转等对视觉更具冲击力的展示，通过多终端创建和编辑文稿，使素材之间的联系更加明确清晰，其所有操作无缝完成，不会产生突兀感。

想一想

章节思考题

1. 以小组为单位，实际操作互动电子黑板设备和智慧教室设备，熟悉这些设备的各种功能。

2. 学习 Camtasia Studio 微课制作软件和 Prezi 演示文稿软件的各项功能，录制一个讲授"一般现在时"的微课，时间 3～5 分钟。

第 3 章
英语师范生专业能力培养

在传统的师范生专业能力"三字一话"(钢笔字、粉笔字、毛笔字和普通话)的基础上,英语师范生应打好英语学科教师所需要的"四字三话"(英语硬笔字、汉语硬笔字、英语粉笔字、汉语粉笔字和汉语普通话、英语标准话、英语课堂用语)基础,进一步夯实专业基本功。

对于英语师范生来说,"四字三话"是核心素养和必备能力,也是今后作为教师开展教学活动的基础。在目前多媒体教学不断普及的背景下,教师的硬笔字和粉笔字能力仍然至关重要。硬笔字和粉笔字直接面向学生,其广泛应用在课堂教学、批改作业和日常办公等场景中,对学生起着重要的示范作用,影响着学生的书写习惯和风格。同时,教师要讲好汉语普通话,并引导学生说普通话,做好普通话的普及和推广工作。作为英语教师,还要掌握良好的英语语音语调,并且能熟练地使用英语课堂用语,以保证课程质量和知识传播的效果。

3.1 硬笔字能力

计算机的普及给人们带来诸多便利，许多本来用笔书写的工作逐渐被代替，同时，程序化、凝固化的汉字输入模式，逐渐抹杀了人们在用笔书写时体现的个性、创造力和想象力，淡化了汉字艺术所特有的行笔顺序、字间架构、书体审美等，同时也淡化了英文的书写艺术。在这种情况下，英语师范生更要练好硬笔字，通过实际行动传承我国的汉字文化，为学生做好汉语和英语硬笔字书写的示范。

3.1.1 硬笔字书写基础

1. 正确的写字姿势

要想写好硬笔字，首先要有正确的写字姿势：头正、身直、胸舒、臂开、足安。第一，头正。头要放端正，自然地向前，不可向两侧歪斜或俯仰。眼睛要离笔尖一尺左右，否则不仅会损害视力，而且字也写不端正。第二，身直。臀部平坐在椅面的中间，上身保持正直，可以略向前倾，不能弯腰驼背。第三，胸舒。胸要离开桌子约一拳的距离，留有活动的余地；如果将胸口抵住桌沿，就会影响呼吸，写字时会感到吃力、胸闷。第四，臂开。左右小臂平放在桌面上，左手按住纸，右手执笔。两臂要撑开，保持一定的距离，写字时轻松、灵便、得力。第五，足安。两足平放在地上，不要两腿交叉一脚着地，也不要蜷腿或踮脚尖等。要保持身体稳定，手才能稳，才能写好字。

2. 三指执笔法

硬笔字书写一般采用三指执笔法：用右手的大拇指、食指的指肚和中指第一节的侧部捏住笔杆。五个手指的具体位置为：中指在下方抵住笔杆，食指的位置在笔杆的上方，拇指的位置在食指稍上一点。无名指和小指自然弯曲，辅助在中指的下面，不直接与笔杆接触，起的是底座的作用。执笔时不可过高或过低，过高很难控制住笔尖，过低则书写不灵活、死板。执笔手指指尖距离笔尖2.5厘米左右，笔杆与纸面的倾斜度在45°左右。笔杆的上部要斜靠在食指的指根与手掌相接处，不能靠在虎口上，否则，笔杆会太斜，不利于汉字的书写。

3. 避免错误的方法

为保证硬笔字的书写效果，在执笔时要避免以下错误方法。第一，三指执好笔后，无名指和小指不是弯曲地垫在纸上，而是伸出抵在纸上。这种执笔方法的缺点是：手腕没有放在桌子上面，在用笔时会导致不稳。第二，用大拇指、食指和中指的指尖来执笔。这样的执笔方法会导致书写时用笔不稳,手指握不实笔,不利于在写字时发力。第三,握拳式执笔。在写字时用拇指关节勾住笔杆,手捏成拳头的形状。这样写字时,笔杆不可避免地接近直立的状态,写字的力量多集中在捏拳上,会导致笔尖与纸的接触面小,不能充分发挥笔尖的弹性,很难把字写好。第四,三指执好笔后,笔杆的承重点没有落在中指指甲一侧,而是放在中指第一关节后部,甚至放在了第二关节。这就导致在还未动笔写字时,食指的第一关节就全部压在笔杆上。这样虽然也能把硬笔字写好,但是,时间一长,对于关节和中指的皮肤都会造成损伤。此外,食指用力过大,握笔虽稳却不灵便,手型也不美观,对于今后提高写字水平有很大影响。

3.1.2 汉语硬笔字

英语师范生要掌握常用汉字的笔画、笔顺和字形结构。掌握《简化字总表》中的简化字,会读、会写、会用《现代汉语常用字表》中所收的 3500 个字。自觉纠正错别字,掌握容易读错的字、容易写错的字、多音多义字。硬笔字的练习没有什么捷径可言,只有持之以恒,才能实现从量的积累到质的飞跃。选择优质的硬笔字学习范本,以自己喜欢的经典硬笔楷书字帖作为练习材料会事半功倍。

1. 起笔和收笔有度、轻笔和重笔相间、快写和慢写有致

写好汉语硬笔字,要做到起笔和收笔有度、轻笔和重笔相间、快写和慢写有致。

(1) 起笔和收笔有度

起笔和收笔有度,是指起笔和收笔要符合用笔的要求,要用笔正确。同时,对于所要写的字,笔画从哪个部位起笔和收笔要心中有数、控制有度,要做到笔随心走。这样,才能够书写出笔画分明、长短有度的汉字。

(2) 轻笔和重笔相间

轻笔和重笔相间,是指在完成起笔、行笔和收笔动作时,所用力度应不同。如果是长横画和垂露竖,则两头是重笔,中间是轻笔。如果是悬针竖,则起笔是重笔,收笔是轻笔。如果是撇,则起笔是重笔,收笔是轻笔。如果是捺,则起笔是轻笔,到下方是重笔,再抬起是轻笔。如果是折,则折的部位是顿笔加重笔,收尾也是重笔,其他部位是轻笔。如果是钩,则先按重笔,再钩出是轻笔。如果是点,则要根据点的形状和方位来决定是重笔还是轻笔。如果是挑,则先按下是重笔,再挑出是轻笔。

(3) 快写和慢写有致

汉语书写速度的快慢与笔画的轻重有直接关系。一般来说,轻笔时,书写得就快;重笔时,书写得就慢。如同骑自行车,上车、下车时需要慢一些,转弯时也要慢一些,而直行时可以快一些。

2. 对临、背临和自运，三种方法结合，提升书写能力

将对临、背临和自运三种方法结合，能循序渐进地提升汉语硬笔字的书写能力。

对临是把范本摆在眼前，一笔一画地对照着写，笔画字形要尽可能接近书写范本，不要加入自己的风格，这个环节也是纠正自己不良习惯的过程。对临时要仔细地观察临摹范本的字形结构，认真分析笔画、偏旁部首等的位置关系。

对临完成以后，可以尝试背临，即不看范本把刚才临写的字默写出来，要求在最大限度上还原对临的效果。背临之后，对照范本进行检查，要求达到对临的效果。

经过一段时间对临、背临练习之后，可以尝试自运，即将临摹学习到的书写技巧运用到未曾练习过的汉字上，举一反三，进行自我创作。

练习汉语硬笔字要持之以恒，贵在坚持，要有一定的自觉性，要从量的积累逐步做到质的提高，循序渐进地提升书写水平。

3.1.3 英语硬笔字

英语师范生在练习好汉语硬笔字的同时，也要练好英语硬笔字。英语教师在备课、写教案、阅卷、批改作业时都要用到英语硬笔字。从某种程度上说，英语硬笔字书写水平的好坏是英语教师核心专业能力的体现。对于英语师范生来说，练好英语硬笔字，既是提升自身专业能力的内在要求，又能对学生产生积极的示范作用，教师良好的英语硬笔字能够提升学生的美学修养、认真态度和严谨作风。

1. 正确的写字姿势和执笔方法

书写英语硬笔字时，要有正确的写字姿势和执笔方法 (具体可参考 3.1.1 内容)。

2. 掌握英文字母的笔顺和笔画

英文字母的笔顺一般符合从上到下、从左到右的次序。以下 6 个字母分两笔完成，其余小写字母都是一笔完成：f, i, j, p, t, x。以下 9 个大写字母，书写时笔尖不能离开纸面，必须一笔完成：C, G, L, O, S, U, V, W, Z。以下 12 个大写字母，分两笔完成：B, D, J, K, M, N, P, Q, R, T, X, Y。以下 5 个大写字母，分三笔完成：A, E, I, H, F。

3. 使用英文练习本进行练习

书写英文字母时，最好不要在白纸上直接进行练习，这不利于英文字母的规范书写和对英文字母整体结构的把握，容易出现高矮不一、整体结构不佳的情况。要利用好四线三格的英文练习本，线和格对于英文书写规范至关重要。第三线为基准线，大小写字母以及标点符号的书写都以基准线为准。

4. 掌握正确的书写规格

(1) 书写英文字母时，每个字母都要向右倾斜。倾斜度要尽量保持一致，一般以 5°～10°为宜，不能太大，也不能太小。

(2) 大写字母要占两格，且大写字母的顶部不要顶第一线，下部要压基准线，但不能出基准线。

(3) 小写字母要写得饱满，尤其中间格要占满，头尾都要写出，以便连写和快写。

(4) 小写字母 a, e, c, m, n, o, r, s, u, v, w, x, z 要占满中格，上下都不出格。

(5) 小写字母 b, d, h, k, l 的上端顶在第一线上，从逆向开始起笔。

(6) 小写字母 i 的点和 t 的上端都在第一格中间，小写字母 g, q, y 的下端均抵在第四线上。

(7) 小写字母 j, p 的上端在第一格中间，小写字母 f 的上端与大写字母同样高，这三个字母的下端都抵在最下线上面。

(8) 小写字母 a, d, g, q 的起笔都在第二线上，中间部分为椭圆形，起笔处要合拢。

(9) 字母之间、单词之间要保持适中的距离，不可离得太近或太远。

5. 注意连写规则

连写可以分为斜连写和横连写。a, c, d, e, h, i, k, l, m, n, t, u 的收笔斜上挑后与 e, i, j, m, n, p, r, u, v, w, x, y 的起笔相连，形成斜连写。o, v, w, r, f 收笔后横向延长笔画与 a, c, d, g, i, m, n, o, p, q, r, u, v, w, x, y 的起笔相连，形成横连写。f 与 t 连写或自身双写时，两个字母中的横画可一笔写成，形成横连写。

要注意，字母之间并不是一律连写。如大写字母之间不能连写，大写字母与后面的小写字母之间不连写，b, g, j, p, q, s, x, y, z 与后面的字母都不连写。a, c, d, e, h, i, k, l, m, n, t, u 的收笔与 a, b, c, d, f, g, h, k, l, o, q, t 的起笔虽不直接相连，但如果把收笔斜上挑延长至后面字母的起笔处，也可以形成斜连写。

6. 标点书写要正确

首先，英文标点和中文标点不能够混用，尤其是中文的空心句号"。"不能用在英文中。其次，标点符号的位置要正确，不能随意书写。句号、逗号和省略号要写在基准线上面。分号和冒号要写在中格里，上端稍低于第二线，下端紧靠基准线。问号和感叹号占上中两格，上端和第一线之间要留有空隙，下端抵基准线。连接号和破折号写在中格中间。引号和撇号写在上格中间。括号占上中下三格，但需注意上下端要稍离第一线和第四线。

对于英语师范生来说，恰恰是这些基础的内容对于英文书写的规范化至关重要，是需要掌握的核心专业能力。规范化的英文书写在日常教学中能够给学生良好的示范。规范、整洁、优美的英语硬笔字不仅给人以美感，更能引导学生书写规范化的英文。

要掌握连笔技巧，需要大量的英文书写练习予以配合。可以先从最基础的两个字母的单词开始练习，如 up,to 等，然后逐渐过渡到短文书写。在练习的过程中思考何处该进行连笔，何处不该进行连笔。经过长时间练习，获得感性的认识，摸清字母和字母间的相互关系，进而掌握连写的规律。

先熟悉英文字母的笔顺与笔画，掌握正确的书写规格之后，再进行英文字母的连写。从字母到单词，从句子到段落，由短及长、由浅入深、循序渐进地提升英语硬笔字的书写水平。平时要勤加练习，并在实践中注意书写效果，举一反三，最终写得一手漂亮的英语硬笔字。

3.2 粉笔字能力

英语师范生要掌握粉笔字书写的技巧，拥有粉笔字书写的核心能力，为将来走向讲台做好准备。如同硬笔字一样，教师的粉笔字水平也影响着学生的书写态度、习惯和风格。粉笔字的书写具有示范性、灵活性、间歇性和简明性的特点。

1. 示范性

学生在上课时，所接触到的最直观的文字就是粉笔字。教师如何用手拿粉笔、书写姿势如何、粉笔字书写的效果如何都会对学生产生重要影响。所以，写好粉笔字不仅是教学的基本要求，也会对学生起到积极的示范作用。

2. 灵活性

增强教学的直观性，教师的书写姿势可根据具体情况进行灵活调整。如果黑板面较大，书写范围广，那么教师需及时移动身体，变换书写姿势。

3. 间歇性

不同于硬笔字的一气呵成，粉笔字在书写时要配合课程内容的讲解。教师应根据授课的实际情况，用板书来配合知识点的传授，边讲边写或写写停停，以加强学生对重点知识的掌握。

4. 简明性

简洁明快、结构清晰的粉笔字能够提升学生听课的效果。上课时，教师板书书写不可像书法艺术那样讲究细节笔画，书写的速度也不能太慢，否则会影响学生的思路，运笔"意到"即可。

在写粉笔字时，一般采用"面壁立势"，即面对直立的黑板站着书写，要做到：头平、身正、臂开、足稳。头平，是指书写时头部保持平正，以保证视线的平正，使写出来的字行列整齐。随着书写高度的变化,头部可以略微上扬,但是不能向左右歪斜。身正,是指身体保持端正,不偏斜。要随着书写位置的左右变动而平移,自然大方,不僵硬呆板。臂开,是指执笔的手臂应充分打开,上臂不能紧贴身体,否则会造成书写不畅。足稳,是指两脚分开,稳定地站立在地面上,以保持身体的平衡和稳定。随着书写范围的变化,可随机应变,适当调整。

正确的粉笔执笔方法是:粉笔的笔身既不垂直,也不斜靠在虎口上,而是用手指捏笔。一般用大拇指、食指、中指从三个方向抓住粉笔的前端(距离笔头约 1 厘米),笔杆放置在中指第一关节处,三指的发力点在同一圆周上,将粉笔稳稳地执在手中。无名指和小指自然弯曲抵住中指,起到辅助作用,掌心虚空。这样"指实掌虚"的执笔方法,有助于灵活运用粉笔,写出的字刚劲有力。粉笔与黑板的夹角成 45°为宜,角度太小,写出的字线条柔软,缺乏足够的力度;角度太大,则线条转折不流畅,且手指容易疲劳。需要注意的是,任何时候都不能将粉笔垂直于黑板进行书写。

3.2.1 汉语粉笔字

在书写汉语粉笔字时,要掌握用笔方法,即调整粉笔在点画中的起笔、行笔、收笔,达到表现汉字的目的。

1. 汉语粉笔字常用笔法

汉语粉笔字书写时的笔法包括:转、切、逆、顺、拖、滑、提、按。

(1) 转

转,是指在用粉笔书写一段时间后,由于磨损的原因,会在粉笔头部形成一个小平面。如果一直拿着粉笔保持同样的方向不变,那么,粉笔所书写出的线条会越来越粗,导致书写的汉字粗细不一。所以,在用粉笔进行书写时,要不断转动、换锋,利用笔锋、棱角和斜面写出汉字。

(2) 切

切,是指与笔画运行方向成大概 45°角的方向向下落笔,接触黑板时要轻而快,使笔画如刀切之状。一般用于横、竖、撇的起笔。

(3) 逆

逆,是指用粉笔书写时,从行笔相反方向迅速落下,目的是使笔画变得圆润。一般用于长横和平捺。

(4) 顺

顺,是指落笔方向与行笔方向一致,也叫顺锋起笔。起笔处笔画尖细,落笔要快,行笔中力量逐渐加大。点、捺、撇、左尖横等常用此法。

(5) 拖

拖,是指行笔时速度和力量都保持均衡,以增加粉笔与黑板之间的摩擦力,以此表现厚实、浓重的线条。

(6) 滑

滑，是指在行笔过程中，随着粉笔的旋转，顺势将粉笔的笔头与黑板的角度加大，先进行蓄势，然后在行笔时一挥而就。

(7) 提

提，是指收笔或转折处笔尖提起的动作，使笔画产生由粗到细、由细到粗的转变过程。常与"按"笔交替运用。

(8) 按

按，是指粉笔笔画运行到转折处所作的短暂停顿，线条由细到粗，与"提"法相对应。

2. 楷书粉笔字的书写

和其他字体相比，楷书一笔一画显得比较规范，是练习其他字体的基础。同时，楷书既易于掌握，又适合在课堂上书写，能够使学生无障碍地接受。在汉语粉笔字的入门练习中，可以选用楷书字帖进行临帖。在掌握楷书粉笔字后，可以根据教师自身特点使用行书等其他字体。粉笔字相对于毛笔字来说，字形清秀，笔画较细，并不像毛笔字那样特别强调顿挫。在临帖练习时，只能去其血肉，取其筋骨。

英语师范生要掌握楷书字体的点、横、竖、撇、捺、折、提、钩等基本笔画的写法，为写好粉笔字打下坚实基础。

(1) 点

点，分为侧点、垂点、撇点、挑点。侧点又称右点，自左上向右下轻快落笔，由轻到重，收笔时急停、轻按后提笔即可。侧点的角度为45°左右，笔画整体形态呈三角形，不带弧度。代表汉字：京、尽。垂点，又称左点，自右向左下轻快切入，由轻入重，收笔时轻按、提笔。方向与右点相反，起笔部分可略带弧度，整体为"头尖尾粗"形态。代表汉字：东、小。撇点，起笔向右下轻快切入，停稳，改变方向。用食指推动笔杆向左下快速撇出，行笔时手腕需略向内翻转。笔画整体由粗到细，一般较短小，弯度不宜过大。代表汉字：飞、光。挑点，起笔同撇点，斜切入笔，略作停顿后，用大拇指推动笔杆向右上快速挑出。在挑的过程中，手腕需略向内翻转。笔画整体由粗到细。两点水、三点水中的挑点出挑可略长，其他情况挑点出挑应略短，可适当拉长起笔笔锋。代表汉字：江、次。

(2) 横

横，分为长横和短横。长横，起笔时，自左向右下轻落笔，然后推动粉笔向右滑行，此时保持笔杆的方向和粉笔与黑板的夹角不变。收笔时需将笔身稍稍立起，手腕略向内翻转，注意此时笔尖不离开黑板，再向右下轻按即可，无须回笔。注意笔画的整体须有一定的斜度和弧度。代表汉字：止、生。短横，一般处理成尖起，即左尖横。一般来说，利用手腕内翻动作即可轻松获得预期效果，起笔、行笔、收笔一气呵成。笔画整体向上弯曲。代表汉字：二、工。

(3) 竖

竖，分为垂露竖和悬针竖。垂露竖，在落笔时为左上向右下的切入动作，落笔动作不宜过大。落笔后保持落笔角度、力度不变，改由食指用力，推着笔杆整体向下平移，中间部分速度可稍快，收笔时同样需将笔身稍稍立起，手腕略向内翻转，再向右下轻按。代表汉字：下、卜。悬针竖，起笔方法与垂露竖一致，行笔时需逐渐调整笔身的方向，改为笔尖朝上，同时匀速向内翻动手腕，渐行渐提，直至粉笔离开黑板，收笔为针尖状，笔画整体垂直。代表汉字：十、千。

(4) 撇

撇，分为竖撇、平撇和小撇。竖撇，笔画前半程写法同竖画，根据需要可向左下略有倾斜，自中段起需加大向左下的弯度，同时，手腕略向内翻转，渐行渐提，直至出锋收笔，整体用笔要流畅，笔画应坚挺有力。代表汉字：开、升。平撇，落笔时与斜撇相同。侧切后，由食指推着笔杆向左平移，起笔效果写出后，立即向内翻动手腕。同时，向左行笔、出锋，整体行笔速度应略快，保证笔画的流畅。代表汉字：千、禾。小撇，在起笔时侧切，用食指压住笔杆向左下平移，写出起笔效果，然后匀速向内翻动手腕，由重到轻，出锋收笔。整体行笔速度应略快，保证笔画的流畅，笔画应略带弯度。代表汉字：生、牛。

(5) 捺

捺，分为斜捺和平捺。斜捺，起笔时由大拇指推着笔杆自左上向右下落笔，由轻入重，行至捺脚处，改向右平行出锋。同时，手腕应略向内翻，笔身可稍稍立起，渐行渐提，最后出锋收笔。捺脚处应圆滑、流畅，不可方折。代表汉字：人、大。平捺，起笔时类似横画，然后由重到轻向右上做半圆弧，再由轻到重向右下直行，至捺脚处压住笔，向右偏上出锋，笔身可稍稍立起，整体为"一波三折"之势。代表汉字：之、走。

(6) 折

折，分为横折和竖折。写横折时由大拇指推动笔杆向右行笔，至转折处，将笔身稍稍立起，手腕略向内翻转，此时笔尖不离开黑板，向右下斜切，改由食指推动笔杆向下行笔，保持笔尖朝向及用笔力度不变，收笔时同垂露竖书写的方法。代表汉字：田、日。写竖折时，保证笔尖朝左上方，由食指推动笔杆向下行笔，行至转折处稍作停顿，改由大拇指推动笔杆向右行笔，收笔时同横画书写的方法。代表汉字：山、臣。

(7) 提

提，分为长提和竖提。写长提时，起笔横向切入，压住笔杆，用大拇指推动笔杆向右上轻快挑出，手腕需向内略作翻转，笔杆可稍稍立起。笔画整体由粗到细，向上略带弯度。代表汉字：虫、刁。写竖提时，作竖画，收笔处略向左弯曲，顺势向右下顿笔，可稍稍用力，但移动幅度要小，压住笔杆向右上轻轻挑出，竖与提之间夹角约 45°。代表汉字：长、衣。

(8) 钩

钩，分为竖钩、横钩、卧钩、斜钩、弯钩和竖弯钩。写竖钩时，作竖画，行笔时需保证笔尖朝向左上方，用食指推动笔杆平行向下行笔，至出钩位置前略向左弯曲，出钩前先将笔杆向下压，然后顺势向左上方推出，同时向右翻动手腕，出钩不宜过长。代表汉字：水、可。写横钩时，作横画，行笔时需保证笔尖朝向左上方，用食指推动笔杆平行向下行笔，至出钩位置前略向左弯曲，出钩前先将笔杆向下压，可稍稍用力，然后顺势向左上方推出，同时向右翻动手腕，出钩不宜过长。代表汉字：皮、尔。写卧钩时，起笔尖起，自左上向右下由轻入重作弧线，线条流畅，至出钩位置将笔杆下压，笔尖指向出钩方向，向前平推出锋，手腕可稍稍向内翻转。书写时要保证自始至终笔尖朝向不变。代表汉字：心、必。

写斜钩时，起笔横向切入，压住笔向右下作弧线，线条流畅，整体有一定弧度，不可局部弯曲。笔尖始终指向左上方，行至出钩位置将笔杆下压，笔尖调整指向正上方，向上平推出锋，手腕可稍稍向内翻转。代表汉字：成、我。写弯钩时，起笔自左上向右下轻切入笔，顺势向下作弧线。笔画由细到粗，流畅自然。出钩前可轻压笔杆蓄势，然后向左上方推出，同时手腕向右轻切翻动。代表汉字：子、乎。写竖弯钩时，斜切入笔，然后改向下行笔，可略带弯度。至转弯处，保持笔杆方向和斜度不变，顺势向右转弯，水平横向行笔。出钩时，需将笔杆略向下压，调整笔尖指向为正上方，向上平推出锋，手腕需略向内翻转。代表汉字：也、儿。

3. 书写汉语粉笔字时需注意的问题

在书写汉语粉笔字时，要注意以下问题。第一，字要写正确。把字书写正确是一切书写的基础。对于易错字，要熟悉其笔画特征。如果在课堂上出现错字，会给学生带来错误的引导，进而影响知识的传授。第二，间架合理。粉笔字的间架结构如同建造一所房屋，笔画要坚实、凝重、灵活，不仅能够达到传道授业的效果，还能给人以美感。第三，重心明确。有了重心，才不致形散，才能找到笔画安排的依据。第四，笔画要富于变化。在书写过程中，要处理好笔画的关系，以免显得呆板、缺少动感，相同的笔画要适当地进行变化。第五，正确选用字体。在面对小学生书写汉语粉笔字时，教师要选择楷书，清晰呈现一笔一画，不能多种字体混合使用，如行书和楷书混用。面对稍高年级的学生，如初中、高中学生时，可以使用楷书、行书，以及自己擅长的其他字体。总之，无论选择哪种字体，都要保证板书清晰、容易识别。

3.2.2 英语粉笔字

1. 英语字母书写和汉字书写的异同

英语字母的书写讲究横连写和斜连写，而汉字的笔画更加丰富。汉语粉笔字的笔法讲究转、切、逆、顺、拖、滑、提、按，其中的转、顺、拖、滑笔法可以运用在英语粉笔字书写中。汉字转折用按，直行用提，起笔要重，行笔要轻；而英语字母则强调在起笔时要轻，在落笔时要重，上行笔画渐轻，下行笔画渐重。在书写汉字时，要保证汉字端正；在书写英语时，英语字母要向右倾斜5°左右，高度和宽度的比例大体为2:1，不要过长或过矮。

2. 针对不同教学对象应采用不同的字体

对于初学英语的小学生，要使用手写印刷体。手写印刷体是一种在形体上与印刷体十分接近的字体，也可以把它看作英文版的楷体。手写印刷体字形宽松，呈垂直姿态，字母各自独立，大小写字母都不连写，单词间的距离控制在同规格小写字母一个"a"的范围内。同时，英文板书内容不宜过多，以免学生在接受时产生困难。可以将板书分为两三个部分，这样写句子时，每句话也不会太长。单词分明、句意清楚、简明扼要的板书易于初学者理解和掌握。

面对基础稍好的小学生以及初高中学生，可以使用英文字的意大利体。意大利体也称斜体行书，是我国英语教学中采用的主要字体。意大利体是介于手写印刷体和圆体之间的一种字体，它具有印刷体的规律和圆体的流利，书写时运用了约定俗成的连写技巧，比印刷体方便迅速，能有效提升上课效率；阅读时又比圆体易于辨认，有很大的实用价值。面对基础稍好的小学生以及初高中学生时，板书的内容可以适当增加，保持字母大小均匀一致，并相应缩小字号、行距，但是要保证教室最后一排的学生能够看清楚。

3. 初期练习粉笔字的方法

在练习英语粉笔字初期，可以先用粉笔在黑板上画格子，培养平行书写的好习惯，避免每行字逐渐上翘或下滑。同时，这也有助于练习写成大小合适的字母。在格子上写完英文字母之后，走到教室的后面，看字母的大小是否合适，学生能否看清。反复操练，找到最佳大小的字母。熟练后，可以不再画格子，以黑板的上沿或下沿为平行线进行书写，保证第一行英语字与上沿或下沿平行，之后每一行向第一行看齐，保持平行。

4. 英语粉笔字书写的注意事项

(1) 在练习英语粉笔字的初级阶段，不宜过分追求速度。要在书写熟练之后，在保证清晰、规范的前提下，逐步提高书写速度。

(2) 多写大写字母。不管是什么字体的英文，大写字母的使用比例都不是很高。教师要在粉笔字的书写中加大英文大写字母的使用频率，提升学生对于英文字母的认识度。

(3) 注意书写力度和字体大小。书写粉笔字时，如果用力太小，容易使字迹又轻又细，坐在后面的学生看不清楚。同样，如果字写得太小，学生也看不清楚。

(4) 正确书写数字。在英语中要表示主项、次项时，避免使用汉字"一、二、三"等，要使用罗马数字表示主项，阿拉伯数字表示次项，再依次为：阿拉伯数字加单括号或双括号、英文大写字母或小写字母等。

3.2.3 板书设计

板书是课堂教学重要的辅助手段，有助于学生更加深入地理解课程的重点和难点。教师在板书时，思维与所教授的内容紧密结合，能够给学生留下深刻的印象。相比于课件内容在学生眼前一闪而过，板书对于课程重点和难点的展示更加突出，能够把重点内容长时间展示出来，强化学生的印象。板书有利于学生厘清篇章结构和课程思路，能够突出教学内容的整体框架和结构，也便于细节信息的补充。当教师在讲解其他内容时，学生的注意力不容易被分散到其他地方，能够保持思维的完整性，这样学生的学习效果也能得到有效保证。同时，板书具有示范效应。教师的板书体现了教师的不同风格和特点。教师在通过板书传授知识的同时，也在向学生树立榜样，用工整的字迹潜移默化地培养学生的审美。对于英语初学阶段的学生来说，教师的板书和对书写技巧的讲解有利于培养学生良好的书写习惯。

1. 板书的原则

在课堂教学中，板书要遵循以下原则。

(1) 针对性原则

教师在进行板书之前，要根据学生的特点和所讲授课程的特点进行针对性的设计。在课前，教师要认真备课，针对学生的知识水平、接受能力、理解能力对板书进行设计。板书要使学生对于教学内容易于接受和理解，有利于学生对授课内容的归纳和运用。同时，板书要和课程的特点相结合，浓缩并概括当次课程的内容，突出重点和难点，便于学生练习、巩固和拓展，增加学生学习的兴趣和信心。

(2) 条理性原则

教师板书的书写要有条理性，内容要主次分明，不能随性而为、乱无章法地书写。所以，在板书之前，要通盘考虑，对整体内容有大致安排。书写时要先上后下，先左后右，先标题，后内容，最后小结。内容要有条理性，能揭示知识的逻辑关系，并且层次分明，以便于学生学习和记忆。

板书可以分为主板书和副板书。主板书不能随便擦掉，要呈现所讲解课文的整体结构、知识要点、语言点、重点句型，以及其他必须掌握的内容。主板书内容的书写要贯穿从课程导入到课程总结的整节课，不可在短时间内都写完。这样的板书书写方法使得隔一段时间就会有重点和难点内容出现，容易使学生的思路聚焦在课堂上。副板书可以根据需要擦掉，可书写次要知识点、课程相关内容或与主板书内容相关的知识点等。对于低年级的学生来说，因为其学习习惯尚未养成，而且英语基础相对薄弱，所以板书要先写后讲，做到写一点讲一点，并向学生强调需要掌握的课程重点内容，这有助于培养其学习习惯。对于有一定基础的高年级学生来说，需要进一步进行思维的拓展，板书要边写边讲，以引领学生的学习思维，让学生对于重点内容印象深刻。

(3) 灵活性原则

英语教师在掌握了板书书写的技巧后,还要思考如何让板书样式变得丰富,避免"模板"思维。切不可为省事等原因,在每节课都使用相同结构的板书,这样会让学生感觉板书都是来自同一模板,产生厌倦心理。教师要有意识地根据课程内容设计板书结构。如果课文讲的是某一主题,可以将主题放在黑板中心位置,将与主题相关联的要点以辐射到各个方向的形式呈现。如果讲的是两个城市的特点,可以将黑板分为左右两个部分,将要点写在左右两侧,通过对比的方式展现。如果学生年龄较小,教师可以在板书中增加简笔画,创设情境,以形象的板书增加英语语言的生命力,提高学生学习的兴趣。总之,教师在设计板书时,要灵活多变,要根据学生的特点和需要书写具有个性化的板书。同时,多向同事学习多种主题和风格的板书,不断提高自身的板书能力。

2. 板书的种类

教师在认真备课的基础上,要对每节课的板书进行精心设计,要丰富板书的种类,提高学生的学习兴趣和学习效果。板书主要可以分为表格式板书、对比式板书、辐射式板书和问题式板书等。

(1) 表格式板书

表格式板书内容分类清楚,简明扼要,可以由教师或师生共同完成。表格式板书有助于学生梳理知识点,归纳并深入理解课程内容,如图 3-1 所示。

Richard's Family

Name	Hobby	Job
Richard	playing basketball	bank clerk
Emily	cooking	primary school teacher
David	watching football games	doctor
Susan	reading books	car factory worker

图 3-1　表格式板书

(2) 对比式板书

对比式板书简单、明了,将相似点或不同点以直观的方法展示出来,形成鲜明对照,帮助学生理解和记忆。教师可以将教材中可进行对比的知识点、语法点等以对比式板书形式呈现出来,如动词原形、动词过去时、动词完成时的语法教学可采用如图 3-2 所示的板书。

eat　　　　　　　ate　　　　　　　eaten
go　　　　　　　went　　　　　　gone
say　　　　　　　said　　　　　　said
stay　　　　　　　stayed　　　　　stayed

e.g. He says that they stayed at home yesterday.

They have eaten a lot of food and went to school.

图 3-2　对比式板书

(3) 辐射式板书

教师可选取课文或语法教学中的主题，将其写在黑板中心，将与主题相关的内容以辐射的形式呈现出来，使知识点更为形象化，易于学生理解和接受，如图 3-3 所示。

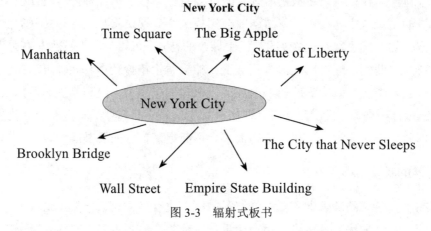

图 3-3　辐射式板书

(4) 问题式板书

教师以问题的形式将课程中的重点内容展示出来，启发学生主动思考，主动掌握课程的重点内容，如图 3-4 所示。

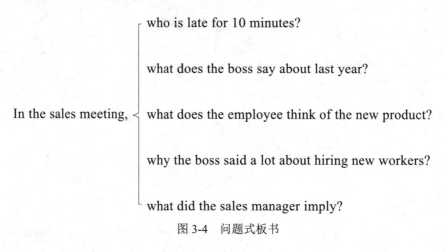

图 3-4　问题式板书

3. 板书与多媒体课件的有机结合

板书用于展示篇章结构或课程思路，补充课程细节。同时，教师要根据具体的课程内容，将板书和多媒体课件有机结合，使两者相辅相成，以达到最佳的教学效果。

在课程导入环节，呈现大量信息环节，展示图片、音视频环节可以以多媒体课件为主导。课程导入环节，为提升学生的学习兴趣，激发学生的求知欲，教师可以用多媒体课件设计看图猜词、听歌填词等活动，活跃课堂气氛，促使学生快速进入学习状态。导入活动后，教师可以将本次课的教学主题写在黑板上，并围绕该主题展开教学活动。

如果有大量信息需要向学生呈现，如针对语法点的词汇练习题，板书形式会耗费书写时间，同时，边练习边擦黑板也会对课堂效果造成很大影响。此时，运用多媒体课件可以快速呈现大量信息，提升学习效率。教师可以用板书把学生应该掌握的重点、难点写出来，在使学生接受大量信息的同时，加深学习印象。

如果有信息需要进行更为形象的展示，可以使用多媒体课件播放图片、音视频内容，使学生有更为直观的感受。之后，将学生需要掌握的相关重要信息用板书呈现出来，以加深印象。

3.3　课堂语言能力

教师的课堂语言能力在某种程度上决定了其教学效果。教师要说好汉语普通话，而且要引导学生说普通话。同时，英语教师要熟练地掌握英语语音语调，并且能够将地道的英语语音语调传授给学生，还要善于使用英语课堂用语，这样既能有效地开展教学活动，又能够创造英语交流环境，提高学生的英语听力水平。

3.3.1　汉语普通话

普通话是教师的职业语言，教师上课时要讲普通话。对于英语教师而言，虽然上课时以英语讲解为主，但是，在讲授语法、抽象词汇和概念时，或作为班主任管理班级时，都要用到普通话。英语教师要重视普通话，做到上课时自觉使用普通话。英语师范生要根据自身语音特点和现阶段所处的语言水平，有针对性地进行普通话训练。

英语师范生要有主动学习普通话的自觉性。能够运用普通话准确、清晰、流畅地进行口语表达是师范生的一项重要基本功。英语师范生在学校会接受普通话的培训，并参加普通话考试。在接受普通话培训时，要认真掌握普通话技巧，多加练习，提高普通话的水平。普通话考试只是对于普通话水平的一个阶段性检验，考试后仍然要养成说普通话的习惯。

英语师范生要着重提升普通话的课堂应用能力。在掌握了普通话的基本读音、技巧后，还要将普通话有效地应用在课堂教学中。如果教师说的话学生听不懂或听不准，会大大影响教学效果。如果教师普通话说得标准，但是不能够很好地将其应用在课堂中，教学效果也会大打折扣。所以，对于英语师范生来说，不仅要了解语音、词汇、语法、语义等要点，还要学会在教学语言环境中运用普通话。

1. 课堂上要使用清晰、流畅的普通话，做到词能达意

教师在说普通话时要声音洪亮、吐字清楚，能使学生清晰地听到讲课内容。在讲解知识点、组织课堂活动时，语言表达要流畅自然、干净利落。同时，做到词能达意，不能让学生感到不知所云或离题千里。对于教师而言，如果在课堂上词不达意，对于教学方案的实施、教学目标的完成都会有所影响。教师要用普通话准确传递教学信息，在讲解课程知识点、重点、难点时，要逻辑清晰、用词准确，以生动的声调加以配合，突出学生应该掌握的知识，达到理想的教学效果。

2. 课堂上使用的普通话不局限于教材语言

教材语言主要包括课程标准、教科书和教师用书中的语言，是教学语言的主要来源和基本依据。教材语言属于较为正式的书面语言，如果直接用普通话向学生讲授教材语言，那么，学生在面对充满术语、抽象的教材语言时，接受起来难度较大。况且，教师如果照本宣科，课堂内容会索然无味，就算教师的普通话水平再好也无济于事。所以，教师要实现从教材语言到口头教学语言的转变。首先，教师要充分了解并掌握课程标准、教科书以及其他教学相关用书的内容。其次，教师要将这些内容梳理归纳，形成针对学生年龄特点、知识层次和认知能力的教案语言。最后，教师要将教案语言中的专业术语、书面语言等对于学生来说较为晦涩难懂的语言转化为学生能够理解、接受的语言。教师在课堂上要根据学生的接受程度和反馈进行动态调整，要以学生听得懂、能接受为根本要求，从而形成最适合学生的口头教学语言。

3. 课堂上使用的普通话要适应特定的课堂环境

不同知识水平、学习动力、接受程度、家庭背景的学生构成了不同的课堂环境，教师要把握学生的特点，从实际出发，用有针对性的言语手段，达到最佳的教学效果。例如，面对小学生时，教师的教学语言要具有儿童化的特点，即使用符合小学生发展特点和心理特征的语言。小学生擅长形象思维，更加容易接受形象而非抽象的内容。教师不能直接向小学生讲授抽象的概念、深奥的道理和过于严谨的知识，要将抽象的概念具体化，将深奥的道理浅显化，将严谨的知识趣味化，使教学内容更加容易为小学生接受。再如，在面对学习动力不足、知识接受度低的学生时，教师在言语表达方面要有耐心，要以鼓励性语言为主。在学生取得进步时，要用鼓励的话语告诉学生："看，通过努力，你取得了好成绩，老师真为你高兴，加油！"在学生没有进步或退步时，也可以用鼓励的话语告诉学生："别灰心，只要努力，一定会取得进步，老师相信你！"在讲解知识时，对于接受度低的学生要适当放慢语速，同时观察学生的接受程度，必要时可重复讲解。

4. 课堂上使用的普通话要有灵活性

在课堂上，教师不能信口开河，不受束缚地发挥，要围绕设定的教学目标和具体的课程内容展开。但是，课堂是动态的，课堂的进行不可能如同教案所编写的那样程序化，一些意料之外的情况随时可能发生。所以，在课堂上，教师使用的普通话要有灵活性。英语师范生不仅要对普通话的语言、语义、语法等有所了解，还要掌握如何利用普通话应对在真实的教学环境中出现的意料之外的情况。

英语师范生可以通过以下两个方法提升普通话使用的灵活性。一是多参加模拟讲课活动。不管是在课堂上的模拟讲课，还是学校、学院组织的模拟讲课活动，都可以安排专人作为学校学生的角色模拟突发情况，如突然生病、恶作剧等。面对突发情况，英语师范生需要在短时间内作出反应，巧妙运用恰当的语言来应对，这对于提升普通话使用的灵活性大有帮助。二是在实习中提升。在师范生实习听课过程中，要观察学校的在职教师如何在课堂上使用普通话，如何在出现始料未及的情况时进行应对。要认真记录并总结宝贵的课堂语言使用经验，做到课后认真思考，举一反三。师范生在进行实习授课时，面对突发情况，首先不要慌张，要沉着冷静；其次，要根据具体情况妥善处理，表达清晰、灵活应变。在校的英语师范生虽然授课经验尚浅，但是通过宝贵的实习经历，特别是课堂授课经历，对于怎样使用普通话和英语进行教学会有直观的认识，这有助于进一步增强语言使用的流利性和灵活性。

3.3.2 英语语音语调

1. 英语语音语调的学习

在语言学习中，语音和语调分别作为语言学习外壳的"体"和"魂"，对于学习者来说至关重要。自然规范的语音、语调将为有效的口语交际打下良好的基础。语音和语调在语言交际中起到传递信息、强调重点、表达情绪和语法变句的作用。根据相关规定，英语专业学生的语音语调水平应该达到"发音正确、语调自然、语流畅顺"①要求。英语师范专业的学生要在课上、课下勤加练习，完善自身的语音、语调和表达能力。同时切记，自身英语的语音、语调对于学生的发音特点和发音习惯都会产生长久而深远的影响。

(1) 重视基本发音，做到发音准确、清晰

基本发音是发音的基础，不可因为是基本发音就对其掉以轻心，正所谓"基础不牢，地动山摇"。基本读音包括：26个字母的读音；元音字母在单词中的基本读音；常见的元音字母组合在重读音节中的读音；常见的辅音字母组合在单词中的基本读音，如 th, sh, ch；辅音连缀的读音，如 black, class, small, speak 等；成节音的读音，如 table, people, uncle 等。容易发音不够准确的元音包括 [æ][ɛə][uə]，辅音包括 [θ][ð][ʒ][ŋ]。英语师范生要对这些元音和辅音格外留意，要以单个音标和包含音标的单词为练习素材，扎实掌握。同时，对于单词重音、句子重读、连续和失去爆破、弱化与同化这些基本发音技巧也要重视，通过大量的实例不断进行练习，以掌握正确、标准的发音。

---

① 高等学校外语专业教学指导委员会英语组. 高等学校英语专业英语学习大纲 [M]. 北京：外语教学与研究出版社，2000：6.

(2) 了解英汉两种语言的发音特点，培养语言学习的"正迁移"

英语的发音和汉语的发音有相似的地方，但是，绝对不能用汉语的发音去套用英语的发音，要避免出现中式的英语发音。在现实学习中，有的学生用汉语的发音来代替英语音素的发音，从而导致英语发音的汉语化。如用"阿"代替 [a]，用"衣"代替 [i]，用"日"代替 [r]。在英语练习中，一定要剔除这些不良的发音方法和习惯，否则在今后从事教学工作时，会对学生产生错误的影响。要把握英语、汉语的发音特点，结合两种语言音素的发音，找出它们相似发音音素的差别，通过多听、多模仿、多对比、多练习，完善自身发音。

根据认知结构迁移理论，促进新知识学习的迁移为"正迁移"，阻碍新知识学习的迁移为"负迁移"。我国学生在英语语音学习中产生的迁移，是汉语发音习惯、发音部位的迁移，也是一种发音技能的迁移，在说英语的时候难免会受到汉语的影响。比如，有的同学发音只有 zi、ci、si 等平舌音，没有 zhi、chi、shi 等翘舌音，这会导致 [s][ʃ] 不分；有的同学受汉语发音习惯影响，[l][n] 不分，[l][r] 不分，这会导致英语发音不够准确。此外，如 [ð][æ] 等音素在汉语中并不存在，有的学生会用 [d][ai] 等汉语中相近的发音来代替，这也导致英语发音不够标准。英语师范生要对这些差异有所了解，如果自身存在这样的情况，不要悲观，要通过大量的模仿、对比、练习来改正自己的发音问题，以自身的努力实现对于新知识的学习，实现"正迁移"。

(3) 重视语调的练习和培养

在掌握正确语音发音的基础上，要重视对英语语调的练习和培养，通过科学练习掌握自然、地道的语调。首先，自然、地道的语调并不能在一朝一夕间习得，而是要通过长时间的循序渐进的练习。其次，不能机械地练习语调。在大量实例的基础上，英语专业的教育工作者总结了一些语调的规律，如陈述句、祈使句、感叹句等用降调，一般疑问句、表示疑问的陈述句等用升调。这些规律对于语调的练习能起到积极的指导作用，但是，机械地依赖这些练习语调的指导原则，而不利用练习材料进行大量的练习，便会本末倒置，得不偿失。语调的练习和培养需要经过长时间的熏陶，要多听原声录音，即使有听不懂的地方也没关系，要在听的过程中熟悉英文的节奏和语调，并结合口语训练，逐步提升语调的水平。

在练习语调的过程中，应选择适合自己水平的练习材料。对于原声录音要大量听、反复听，逐句模仿、对比。要在大量的泛听中培养语调和节奏感。在听的过程中可以用笔标出录音中的语调是上升或下降作为复读时的提示，即"听音标调"。在复读时，根据这些提示进行录音，然后对比录音和原声录音。逐渐形成语感后，可以不必用笔再进行标记。这样的过程看似枯燥，却是练习英语语调的好办法，有助于学好标准的英语语调。

(4) 重视语音课和其他英语课程的横向联合学习

同时，语音、语调的提升不能单靠语音课来完成。就算发音准，语调自然，但是如果没有内容作为英语表达的主体，也是空中楼阁。英语师范生要重视综合英语、英语听力、英语阅读等课程，要认真学习，掌握扎实、透彻。在丰富课程知识的同时，要有意识地进行口头表达，用掌握的语音、语调技巧来表达同课程相关的内容。抓住教师提问、生生对话等能够练习语音、语调的机会来进行口语表达，将语音课学习到的发音技巧有意识地运用到其他英语课程中，检验表达能力。同时，要深入了解课程内容，强化课程内容的主体地位。只有不断地丰富这个主体，在表达时才能做到"有话可说"，平时练习的语音和语调才能有用武之地。

2. 英语语音语调的讲授

(1) 讲授语音语调技巧时应避免抽象的理论讲解

教师要以多种手段讲解语音语调技巧，如个人示范、播放音像资料等。若涉及语音学的相关理论知识，教师要事先将其转化为通俗易懂的语言，加上课堂示范进行配合。要将抽象的理论转换为具体而又生动的实践讲解，以利于学生掌握语音语调的技巧。

(2) 语音语调讲授应宽严相济

"宽"，即教师要意识到因为地域和语言环境等原因，学生的语音和语调水平参差不齐。有的学生说英语的时候语音和语调都有很大问题，有的学生则因为说不好怕被嘲笑而干脆不说。面对这些情况，教师要以一颗宽容之心来对待，要根据学生的具体情况来讲授语音语调技巧，对学生取得的进步要不吝表扬，使学生获得学习的信心。"严"，即教师在讲授语音语调时，要严格要求学生。练习的最终目标是语音要发准，语调要自然。要围绕这两个目标，进行听音、辨音、模仿和交际。在每一个学习阶段，教师都要有严格的训练要求，并明确提出学生要达到的具体目标。

(3) 语音语调讲授应循序渐进，由浅入深

① 基础学习阶段要多听、多模仿、多对比。多听，一是要求学生多听教师的发音，多观察教师发音时的口型。通过这样的方法将视觉和听觉相结合，加强听觉训练。二是要求学生多听原声录音，用适合学生难度的听力材料，以大量的听力练习使学生熟悉英语语音，分辨相近读音的差别，培养语感。多模仿，是教师在讲授发音要领后，要求学生根据教师的发音或原声发音多进行模仿。特别是汉语中没有的音或与汉语相近的音，教师要多进行示范，让学生模仿发音动作，以发出标准的语音。多对比，包括英汉相似语音的对比、英语内部发音的对比、学生发音和教师发音以及有声资料的对比。通过对比，学生可以更加深入地了解英汉语音的差异、相似英语语音的差异和自身发音与标准发音的差异，从而对自身发音的不足进行有针对性的练习。

② 用听说法和交际教学法进行音标与短句教学。对于听说法，可选用实际的例子进行单词语音和句子语音的对比操练。如：

[i:]   [i]

cheap   chip

sheep   ship

This computer chip is not cheap.

I can see the sheep on the ship.

交际教学法的核心是用语言进行交流和互动。在学生掌握了一定的发音技巧、单词和句子表达后，教师要利用师生对话、生生对话、小组活动、课堂游戏等方式让学生多进行英语的表达，巩固已经掌握的内容。首先，教师要创造轻松的课堂氛围，让学生不怕犯错，大胆地说英语。其次，遇到学生有语音错误时不要立刻打断，可以在学生说完之后进行总结性的纠正。在纠正学生时，不能训斥学生，以免引起学生的焦虑甚至恐惧，导致以后不敢开口说英语，要循循善诱，分析具体原因，有针对性地纠正学生的发音错误。

③ 通过听、读、音义结合进行英语重音教学。首先要从听开始，让学生在听的过程中注意单词发音时重音的位置。接着，让学生由快到慢模仿朗读多音节单词，掌握重音的位置所在。其次，要重视音义结合。教师要将重音在交际过程中的作用传授给学生，设置情境让学生练习，如在看电影的情境中，出现这样一句，"I want to watch this film today."，要向学生说明，如果对 I, this, today 三个词在表达时分别用重音强调，所传递的重点信息不同。对于句子中的重音规律，如实词重读、虚词轻读等，教师要举出具体的例子进行示范、讲解。其中，虚词包括冠词、单音节介词、单音节连词、人称代词、反身代词、物主代词、关系代词、助动词、情态动词等。教师不可让学生死记这些概念的名称，遇到这些虚词时机械地轻读，要用包含这些词的听力练习材料，借助听、跟读、对比等大量的感性经验去获得理性认识。

④ 通过语流教学培养学生连贯的语调。读英语句子并不是简单地把单词一个接一个地读出来，而是要注意意群、停顿、失去爆破、连读等，即要有英语语流的意识。只有通过大量的实践练习，即听力和口语表达，才能应用好英语语流的技巧，不存在某种公式或其他取巧的捷径。教师在讲授这些技巧时，要先做示范，再让学生模仿、练习。如朗读较长的句子时，教师要先按照句子意群带读几遍，然后和学生讲解如何划分意群，何时停顿，再让学生进行朗读。如 "This cat is so lovely / that everyone loves it." 这句话，教师要向学生说明 so...that 句式的意群是在 that 之前进行划分，然后向学生示范朗读的技巧。再如，在讲解连读时，教师首先要强调朗读英语句子和汉语句子的区别在于，英语有连读现象，这样的连读让语调连贯；英语句子中的连读情况是常见现象，并不是非正式用语的体现。然后，教师要讲解何时进行连读：前一个词的末尾音与后一个词的起始音紧密地联系在一起读的方式为连读。接下来举例说明需要连读的情况。

辅音 + 元音：单词末尾的辅音和以元音开头的单词连读，如 get up, stop it, keep it up。

辅音 + [j]：单词末尾的辅音和[j]音相遇时，需要连读，如 thank you, meet you here, don't you know that。

元音 + 元音：前一个词以元音结尾，后一个词以元音开始，要进行连读，如 stay at home, go on, may I。

[r] + 元音：前一个词以不发音的字母 r 或 re 结尾，后一个词以元音开始，那么，r 或 re 发 [r] 音，并与后面的元音连读，如 for example, there is, pour it。

教师要用大量实例带领学生朗读，培养学生连读的习惯和意识，同时根据学生发音的实际情况进行纠正和指导。

⑤ 语调教学的基础性和语调习得的长期性。在进行语调教学时，教师要从基础做起，通过播放原声录音的方式帮助学生感受句子语调的升、降、高、低、平。然后，让学生进行模仿、复读，教师进行纠正。教师要向学生强调，英语的语调要自然，不可机械地用升调或降调。比如，疑问句"Could you tell me where the park is?" 要用自然的语调读出来，做到整体句子是自然的升调，不能升得太突然、夸张。不能从第一个单词 could 到倒数第二个单词 park 都是平调，到了最后一个单词 is 时突然变升调。这样突然的语调变化，会给人一种莫名其妙的感觉。教师也要向学生讲解语调的变化如何影响句子意义的表达，以及如何用语调来表明说话人的态度和情感。如"This is not the kind of music he loves."，在降调表达时，是陈述句，用于陈述事实，"这不是他喜欢的那类音乐"；在升调表达时，是疑问句，用于表示疑问，"这不是他喜欢的那类音乐吗？"。

教师还要向学生强调语调习得的长期性。如果在短时间内不能练成自然的语调，也不要灰心气馁，要多加模仿、练习，经过一个循序渐进的练习过程，英语语调肯定会有所提高。同时，教师在进行语调技巧教学时，可以要求学生在朗读句子或口语表达时，应用基本的音标与短句、重音、语流音变等技巧。

(4) 讲授语音语调时要对言语交际的进程进行整体的把握

师生对话和生生对话是练习语音语调的基本形式。教师在对学生的语音语调加以纠正、引导时，面对突发事件，要镇定、自信、妥善地进行处理。教师要对课堂言语交际的过程进行整体把握，沉着、冷静地应对，积极、正面地引导。

3.3.3 英语课堂用语

英语教师要为学生营造真实的语言环境，以提升学生的英语综合能力。英语教师在课堂上要尽量用英语组织教学、讲授课程内容，促使学生主动理解英语，培养学生运用英语的习惯和能力。英语课堂用语既是教师的教学手段，又是学生进行英语听力训练的重要方式。英语教师的课堂用语要符合规范，同时要避免陷入一些误区。教师对英语课堂用语的良好运用，能为学生提升英语综合能力打下良好的基础。

1. 英语课堂用语的使用原则

(1) 课堂上尽量用英语来组织教学

教师要向学生讲明上课用英语教学对于提升英语能力的重要性，同时不能怕学生听不懂英语而上课不说英语，以免陷入"教师越不说英语学生越听不懂"的怪圈。教师在课堂上组织教学、传授知识时说英语，能够创造真实且自然的语言环境，有利于学生英语能力的提升。在讲解语法和较为抽象的名词时可适度说汉语，做到"Speak English if possible, speak Chinese if necessary."(尽量使用英语，必要时使用汉语)。

(2) 课堂用语要有启发性和趣味性

课堂用语要围绕课程内容来启发学生的思考，引导学生获得新的知识。教师要根据学生对知识的掌握程度，有意识地引导学生进一步学习，用鼓励性的语言启发学生的学习兴趣，从而开启学生对新知识的探索。同时，教师要用幽默、活泼的课堂用语创造轻松的学习氛围，使学生感受到学习英语的乐趣，而不是学习语言知识、语法知识的枯燥。

(3) 课堂用语应与板书、教态、电教手段相结合

教师的教学过程是一个有机整体，不能单独靠语言来支撑，要根据教学内容和具体的课堂活动，将课堂用语与板书、教师教态、电教手段相结合，提高课堂效果，让学生更好地接受和理解课程内容。如通过板书将课堂讲授的重点、难点写下来，便于学生记笔记，了解需要掌握的内容；通过眼神、手势等教态，帮助学生理解知识点；通过电教手段的配合，使学生直观、细致、全方位地了解内容要点。

(4) 课堂用语要体现交际性和互动性

教师在使用课堂用语时，要有意识地和学生进行交流和互动。教师可以将讲过的内容结合到课堂用语中，创造情境进行对话，让书面语言、教师口语成为课堂常用语言。教师可以采取师生对话、生生对话、小组活动等多种方式来充分地实现语言的交际性和互动性。教师要向学生强调，使用英语的过程也是学习英语的重要过程，多用英语交流对英语水平的提高至关重要。同时强调，在用英语表达时要自然，要贴近日常生活，不可机械地进行，不可为了表达而表达。教师要让课堂教学成为最直接、最有效的交际情境，使英语表达成为学生日常生活的一部分，以稳步提高学生的英语水平。

2. 英语课堂用语的规范化

英语教师的课堂用语要符合相应规范，不可随性而为。课堂用语是课堂教学的重要组成部分，是传递课程内容、教学知识点的重要载体，起到辅助教学的作用。教师要用规范的课堂用语营造良好的课堂教学氛围，使学生能专心学习，提升学习效果。英语课堂用语要符合以下规范。

(1) 语音语调正确

教师在上课时起着重要的指导和示范作用，因此要保证自身语音语调的正确，要提升自身的业务能力，保证教学质量，同时，要根据具体的教学情境运用不同的音调。如，在讲授课文时，用平调；在提问学生时，用升调；在维持班级纪律时，用降调；在表达幽默，讲述感人故事时，要语调丰富，多种语调相结合。这样能够调动学生的学习兴趣，使之更加投入到课堂学习中来。

(2) 吐字清楚规范

在课堂上，教师无论说汉语还是英语，吐字都要清楚规范，不可含糊不清，让学生不知所云。教师要讲普通话，且每个字都要清清楚楚地说出来。同时，在表达观点或讲解课文时，要捋顺思路，以清晰的逻辑进行表达，不能概念不清、逻辑混乱。英文发音要清楚，保证不吞音，每个字母、单词、句子都清楚地表达出来。

(3) 音量适中

教师要音量适中，保证教室中的每位学生都能够听清讲课内容。如果音量过大，会

干扰学生思维的活动，影响学生的学习效果；音量过小，则会使学生漏掉上课内容，分散注意力，学习效果也会大打折扣。在强调重点内容时，可适当提高音量，以引起学生的重视。

(4) 语速适当

教师在上课时要注意语速适当，保证所有学生都能够跟上教师的思路。在讲解新知识点、重点、难点时，要把语速适当放慢，同时要根据具体情况适度停顿和重复，以帮助学生更好地理解和掌握课程内容。在学生经过初学阶段并掌握一定的听力技巧后，可适当提升语速，以锻炼学生的听力，同时要根据学生的接受程度和反应，及时作相应调整。

3. 英语课堂用语应避免的误区

教师在使用课堂用语时，要避免以下误区，以免影响学生对课程内容的接受度和课堂教学效果。

(1) 要避免使用难度较高的课堂用语

教师应避免用复杂句或较难的句子作为课堂用语，要顾及学生的接受程度，适合学生的听力水平，可以选用偏口语化的简单句。这样既能够保证学生听得懂，又能够使课堂教学活动顺利开展。同时，可以有意识地采用学生学过的词汇、表达方式作为课堂用语，这样不仅使学生能听得懂，还能给学生一次巩固知识的机会。

(2) 要避免"一言堂"

在课堂上，教师要注意控制自己的语量，不可在课堂上说得过多。虽然多听教师说英语是提升学生听力水平的重要途径，但是，在课堂上教师不可仅自己一个人说英语，形成"一言堂"，这样会影响学生的口语表达。教师要注意保持英语输入和输出的平衡，即学生听的英语量和说的英语量要保持平衡。要让学生愿意开口说英语，要多给学生创造口语表达的机会。

(3) 要避免一直使用慢速英语

在英语入门阶段，为了保证学生能够听得懂、跟得上，教师在说英语时可放慢速度，同时对于一些重点、难点要反复讲解。但是，如果学生的英语水平已逐步提高，教师还继续使用较慢速度进行授课，会让学生走神，影响学习效果。英语课堂用语的使用需要结合学生英语语言认知的实际水平，要有由浅入深、由易到难的过程，不能一直用"浅"和"易"的语言进行授课。课堂用语应该循序渐进地增加难度，增添新内容，这样不仅可以使学生巩固旧知识，还能帮助学生理解并运用新的知识，提高其学习兴趣和热情。

(4) 要避免课堂用语过于随意

英语教师的课堂用语应使用偏口语化的简单句，但这并不意味着可以过于随意。教师的课堂用语要注意使用标准英语，不可使用中式英语，或在英语中掺杂中文。如"Together read""Turn to page 35 页，读第二段"，这样随意的表达会对学生产生不好的影响。

(5) 要避免课堂用语过于单一

课堂用语不能千篇一律地使用固定表达，应尽量丰富。如果教师的课堂用语过于单一，就会变得乏味，这样既不利于调动学生学习的积极性，也不利于学生口语水平的提高。教师要有意识地总结、使用针对同一主题的不同课堂用语，如：维持纪律的课堂用语，讲授课文的课堂用语，表扬或批评学生的课堂用语。

4. 常用英语课堂用语

(1) 开始上课

The bell is ringing. Let's start our class.

Now let me call the roll.

Is everyone here today?

Please open your book and turn to page 20.

Now it's time for us to begin the class.

Attention, everybody.

Be early next time. Please go back to your seat.

(2) 公布教学计划

We are going to learn lesson 4 today.

This lesson will teach the use of "search" and "find".

We'll conduct this lesson in this way: First, we'll…; second, we'll…; finally, we'll…

(3) 讲授新单词

Now let's look at this word. Let's spell it together.

Please make a sentence with this new word.

This word can be used either as a noun or as a verb.

Can you think of any word similar to it?

This word can be divided into these two parts. The first part means… The second part means…

Don't mix this word with the word ×××.

(4) 讲授课文

Today we are going to learn unit 3. The text in this unit is selected from a famous novel.

This text is written by the famous author ×××. Now I'll talk briefly about ×××.

This text can be divided into three parts. The first part talks about… The second part mainly discusses… The third part tells us about…

Let's read paragraph 4 together and pay attention to the difficult sentence.

Who can retell the story in your own words?

Raise your hand if you have any question.

(5) 讲授语法

The word/phrase changes this way.

I'll give you an example about this grammar rule.

In this sentence, we should use present tense.

Now let me tell you why the order of the sentence is inverted.

Pay attention to this special sentence structure and be careful when writing it.

(6) 组织口语练习

Talk about the topic in group of four.

Remember that you should use the expressions we've just learnt.

Look at the four pictures and tell the story in your own words.

Could you speak a little louder?

Do you agree with him/her? What's your opinion?

OK, let me make a summary about your opinion.

(7) 讲解书面练习题

Why do you think B is the best answer?

A is correct, now I'll tell you why B is not.

Write a short passage by using these words and expressions.

Take notes about this important sentence structure.

Could you tell me why B is right, and why C is not?

Remember the usage of this word, and write it down in your notebook.

(8) 组织课堂教学

Everyone, it's time to listen to the recording and fill in the blanks.

Do you know what you should do next?

Please pay attention to what I'll say.

Please write bigger words on the blackboard, so that everyone can see it clearly.

Team leaders, have you collected the answers from your group?

Be quiet, I'll ask you a question about this text.

(9) 组织角色表演

Please come to the front.

Take it easy, just imagine you were the person in the novel.

Welcome group one to act out this conversation/little play.

Would you like to play the part of ×××?

Let's make a rehearsal first.

Now it's the chance to show your talent.

Many claps for your performance in the play.

(10) 进行听力教学

Can you hear me on the phone?

Press the red button if you can answer this question.

Listen carefully, if you have any question, press the red button.

Remember your seat number and sit there the next time.

While listening, write your answers on the textbook.

Take all your belongings when leaving the language lab.

(11) 维持课堂纪律

May I have your attention, please?

Don't make any noise.

Don't talk with your fellow students.

Try to concentrate now.

Behave yourself.

Stop messing around.

We've already begun the class, why are you late?

(12) 鼓励学生

Don't worry. I'm sure you can do it.

Be confident.

Good, you're making progress.

A good try.

Don't give it up, just try your best.

I'm very proud of your progress.

Come on, you can do it, just tell me your answer.

(13) 留作业

Now for your homework. Please do the exercises on page 10 to 12.

For today's homework, make sentences with the expressions we've learned today.

Learn the first three paragraphs by heart. / Memorize the first three paragraphs.

Finish the reading comprehension at home.

Please prepare for Lesson 5 for tomorrow.

(14) 结束授课

We have to stop here.

Class is over.

Time is up. Let's stop here.

Here's the bell. It's time to stop.

That's all for today.

OK, we'll finish this part in next class.

Here comes the bell, see you tomorrow.

章节思考题

1. 教师的硬笔字会对学生产生什么影响？
2. 在课堂教学中，粉笔字和幻灯片如何更好地结合在一起？
3. 作为中学英语老师，你该如何把握课堂上说汉语和英语的比例？

参考文献

[1] 张哲华，马艳玲，等.英语师范生学习导论[M].北京：北京理工大学出版社，2018：35-37，65.

[2] 刘尔福.硬笔字书写要点[M].沈阳：辽宁美术出版社，1998：8-11.

[3] 张双武，刘诺亚.英文书法指南(修订版)[M].武汉：武汉大学出版社，2003：1-43，52，104-108.

[4] 林子赛.师范生三笔字技能培养研究[J].沧桑，2012(5)：145-147.

[5] 罗念，刘大龙.师范生硬笔字书写技能提升路径研究[J].汉字文化，2020(10)：55-56.

[6] 李迢澎.谈谈英语书法教学[J].新疆教育学院学报，1989(2)：54-56.

[7] 杨艳.大学生英语书法水平的现状调查及对策[J].西昌学院学报(社会科学版)，2007(1)：153-156.

[8] 张双武.英文书法指南[M].武汉：武汉大学出版社，2000：2-13，17-33.

[9] 王喜贵.粉笔字实用教程[M].北京：北京燕山出版社，2012：5-24.

[10] 毛峰，伍昭富.怎样写好粉笔字[M].重庆：重庆大学出版社，1991：8-14.

[11] 任钦功.中国粉笔字书写艺术[M].北京：人民美术出版社，1993：5-10，163-165.

[12] 王明军.粉笔字教程及板书书写技法[M].长春：吉林文史出版社，2013：3-7，13-36.

[13] 张思敏，陆娜，周颖.小学教育专业本科生提升粉笔字书写技能的几点思考[J].广东职业教育与研究，2019(6)：83-86.

[14] 肖惜，李恒平.英语教师职业技能训练简明教程[M].第二版.北京：高等教育出版社，2016：12-14，112-116，181-192，296-302.

[15] 俞雪.有效运用板书艺术，创造高效英语课堂教学[J].科技风，2011(13)：220-221.

[16] 徐颖.探究初中英语课堂多媒体课件与手写板书的联结运用[J].科学大众(科学教育),2019(10):27,92.

[17] 张婧.提高师范生普通话水平的途径和方法[J].中小企业管理与科技(下旬刊),2015(7):216.

[18] 韦素琦.师范生语文教学技能培养研究与实践——浅谈小学教育专业(本科)师范生普通话技能训练[J].吉林省教育学院学报(下旬),2012(6):92-93.

[19] 杨金花.师范生课堂教学技能实战演练[M].北京:世界图书出版公司,2018:2-23.

[20] 张芃,蒋红柳.语言为"体",语调为"魂"——英语语音、语调学习机理透视[J].开封教育学院学报,2018(9):97-98.

[21] 李颖奇,邓慧群.师范院校英语师范生语音语调学法存在的问题及建议[J].教育观察(上旬刊),2014(12):53-54.

[22] 邱子桐.免费教育制度下英语专业师范生语音学习存在的问题及对策[J].连云港职业技术学院学报,2009(3):78-80.

[23] 李宏业,高兰英.英语教学技能训练教程[M].北京:中国海洋大学出版社,2003:3-26.

[24] 蔡华祥,马玲.师范生教育语言能力培养策略探析[J].现代语文,2019(12):101-104.

[25] 罗再香,李莉.英语师范技能训练教程[M].成都:四川大学出版社,2010:32-34.

[26] 付丽萍,杨进.现代小学英语教师素养[M].武汉:武汉大学出版社,2008:3-54.

第 4 章
英语师范生教学实践能力培养

教育见习、教育实习及教育研习（以下简称"三习"）是英语师范生专业实践的重要组成部分，是英语师范生将所学知识和技能综合应用于教育、教学实践并促进理论联系实际的重要环节，可以有效地检验英语师范专业教育教学质量，是英语师范专业人才培养的重要环节。

"三习"是系统设计和有效指导下的教育实践，可以促进师范生深入体验教育教学工作，巩固其基础理论知识和技能，逐步形成良好的师德素养和职业认同感，更好地理解教育教学专业知识，掌握必要的教育教学设计与实施及班级管理与学生指导等能力，为从事义务教育教学工作和持续的专业发展奠定扎实的基础。

4.1 "三习"的准备工作

教育部师范类专业认证要求各高校师范专业建立教育见习、教育实习和教育研习的教育实践课程体系，形成高校、地方教育行政部门和中学协同育人的"三位一体"协同培养机制，共同开展师范生教育实践工作，强化专业教育与职业培养相结合，提升师范生的专业技能和职业素养。普通高等学校师范专业认证标准(二级)要求：实践教学体系完整，专业实践和教育实践有机结合。"三习"贯通，涵盖师德体验、教学实践、班级管理实践和教研实践等，并与其他教育环节有机衔接。教育实践时间累计不少于一学期。学校集中组织教育实习，保证师范生实习期间的上课时数。

师范生要端正对待"三习"的态度，必须充分认识到，通过"三习"所取得的成功经验与教训，对自己日后的职业成长有着不可估量的积极影响。实习指导教师应鼓励师范生满怀激情、满怀信心，全身心地投入，带着一颗滚烫的心去，背着丰厚的硕果回。

应该说，"三习"的准备工作始于师范生踏入学校的那一天。英语师范生要理解英语学科的育人内涵和价值，将英语教学与育人活动有机结合，在语言文化实践活动中育心养德；在发展学生语言能力的过程中，帮助学生学习、理解和鉴赏中外优秀文化，培育中国情怀，坚定文化自信。师范生自身专业思想的巩固，师德品行的培养，专业知识和教育科学知识的获取，教育教学能力的逐步提高，必须经过较长时间的学习和训练才能取得。这就要求师范生在校学习期间，尽快主动进入教师角色，扎扎实实学好各门功课，培养教育能力，爱岗敬业、以学生为本，尊重学生人格，工作细致耐心，了解学生身心发展规律，理解、平等对待每一位学生，以学生发展作为自己教育教学工作的出发点和落脚点，做学生的引路人。

4.1.1 思想准备

教育实践是师范专业人才培养的重要组成部分，"三习"是教育实践的重要环节，要想取得好的效果，师范生必须付出努力，做好充分的准备。师德高尚、业务精湛，这是教师发展的两个基本维度。

"三习"前，师范生通过教师教育课程的学习，首先在思想上为将来要从事的教育事业做好充分的准备。英语师范生应该理解义务教育阶段英语教学和教育工作的意义与特点，热爱英语教育事业，树立坚定的从教信念和职业使命感、责任感及自豪感。

师范生应该掌握教师的教育理念，不断提升自身的师德修养。教师的教育理念是教师对教育基本问题的认识、理解，是教育问题的基本观念。教师的师德修养是建立在教师个人良好道德品质基础上的职业道德修养，包括职业道德规范和个人的道德修养。

师范生的师德师风素养表现在：能够践行社会主义核心价值观，理解和认同中国特色社会主义，拥护中国共产党的领导，拥护社会主义，以立德树人为己任，贯彻党和国家教育方针，具有坚定的政治信念；具有良好的道德品质和正确的世界观、人生观、价值观；了解并遵守教育法律法规与政策，理解依法执教内涵，遵守中小学教师职业道德规范；具有高尚的道德情操；为人师表，立志成为"四有"好老师，做学生健康成长的引路人；忠诚于人民教育事业，无私奉献，甘为人梯。

在班级指导工作中，树立德育为先理念，了解中小学德育基本原理与方法。在教学工作中，认真备课、上课、批改作业，不敷衍了事。在班主任工作实践中，能掌握班级组织与建设的工作规律和基本方法。参与德育和心理健康教育等教育活动的组织与指导，获得积极体验。关心和爱护全体学生，平等地对待所有学生，关注学生成长，保护学生安全，不体罚或变相体罚学生。严于律己、以身作则，给学生树立良好的榜样。尊重学生，尊重家长，自觉抵制有偿补课。

"三习"作为教育实践课程在培养教师职业信念、职业角色意识、职业情感和增强教师职业能力方面具有重要作用。"三习"让师范专业学生能够深入实际教育情境，加强对所学理论的深度理解，丰富对教育教学的感性与理性认知，进而提升专业教学和班级管理等实践能力。

4.1.2　知识准备

师范生还应该具备人文底蕴和科学素养，系统掌握教师的专业知识结构，具体包括以下四个方面。

1. 学科知识

学科知识即教师所学学科的相关知识。英语师范生在校学习期间应该系统掌握英语语音、词汇、语法等英语学科的基本知识；能够通过听、说、读、写、译等语言实践活动提高语言应用能力；具备英语语言学、文学、英汉翻译等领域的基础理论知识。

2. 理论知识

理论知识主要包括教育学和心理学知识。英语师范生应该完成心理学、教育学等相关课程的学习，学会运用教育学、心理学的基本方法开展学科教学和育人活动。师范生应具备良好的教师心理素养，包括良好的情感特征，保持对教育事业的热爱；积极稳定的情绪特征，因为教师的情绪波动会直接影响学生；良好的性格特征，教师应保持积极乐观的人生态度、开朗豁达的良好性格和对己对人的宽容精神。

3. 实践性知识

实践性知识主要是教师在实现有目的教学行为中所具有的课堂情境知识以及相关的学科教学法知识，需完成教材分析、教学法等的课程学习。能够准确理解义务教育英语课程标准的内涵,并掌握基础英语课程教材中的知识体系和英语课程教学设计与实施的基本原则,能够设计、实施和评价英语课程教学,具备初步的教学能力和一定的教学研究能力,能够在英语课堂教学实践中,运用信息技术优化课堂教学。

4. 文化知识

文化知识是指教师应具备的一般的人文知识、社会科学知识、自然科学知识以及基本的艺术素养。师范生应该了解中外文化的异同,能够辨析语言和文化中的各种现象,具备用英语进行多元思维的能力。既要出色地学好本专业课程,还要有广泛的横向知识面,其知识结构应是金字塔形的,底层宽广,顶端拔尖。

4.1.3 能力准备

师范生应具备作为教师所要求的专业能力,主要包括以下内容。

1. 教师基本能力

教师基本能力是构成教师专业能力的基础,包括阅读理解能力、逻辑思维能力、信息处理能力、口头表达和书面表达能力。

2. 实践能力

师范生应具有包括教学活动规划、设计、组织实施和检查评价等实践能力。

3. 反思能力

师范生应具有一定的反思能力,它是教师提高教学质量、改进教学工作、实现专业发展必不可少的重要能力。反思主要体现在:内容的选择,组织与实施过程是否符合学生的兴趣需要,学生是否愿意主动参与活动。

4. 研究能力

师范生应具有一定的研究能力,主要体现在教育理论研究和知识技能研究两个方面。

5. 育人能力

师范生应具有育人能力,在教育实践中应遵循教育规律,循循善诱、因材施教。教师在教学中的语言重在科学性,而教育语言重在说理性,好的教育语言应具有使学生心悦诚服的魅力。师范生要有迅速、准确、全面地了解学生的能力,要有敏锐的观察力和深入细致的调查研究能力。在实践班主任工作时,要善于沟通,要明白班主任是各种教育力量的协调者和组织者,应通过人际关系的调整,使各项工作、各个部门和谐地配合,处理好师生关系、与科任老师的关系、与家长的关系以及上下级关系等,形成教育合力,达成教育目标。

6. 发展能力

师范生要树立终身学习的理念，不断提升自己的专业知识和教育水平，要具有敏锐的观察能力、组织能力和一定的管理能力。在实践班主任工作时，要有能力为班集体确立共同奋斗目标，明确班集体的理想和前进的方向。这个目标应是近期、中期、远期目标的结合，在逐步实现目标的过程中产生梯次激励效应，形成强大的班级凝聚力。

过去说，要给学生一杯水，教师要有一桶水，即教师必须掌握扎实宽厚的专业基础知识才能高屋建瓴，把课讲好、讲活。后来说，要给学生一桶水，教师要有几桶水，即教师不但要精通本专业知识，还要了解其他学科知识，学会学科间的融合。现在说，要给学生一桶水，教师要有源头活水，与时俱进，养成终身学习的习惯。

4.1.4 角色准备

师范生应该做好"三习"前的角色准备。教育需要人与人之间的交流，需要面对面的心灵沟通，这是一份育心的工作，更是一份责任与担当。

教师所面对的不只是知识的压力，还有来自社会关系的各种压力。教师的职业核心价值取向要求教师必须走向专业化。随着教育改革的不断深化，为了满足国家发展和国际竞争的需求，为了适应教育新形势，学校教育对中小学校教师提出了新的、更高的要求，培养多样化、个性化、创造性、国际性的人才势在必行。这也使教师职业的专业化发展成为一个重大的时代命题。

师范生应该深刻地领悟到，教师是人类灵魂的工程师，是人类文明的传承者，承载着传播知识、传播思想、传播真理、塑造灵魂、塑造生命、塑造新人的时代重任。

4.2 教育见习

教育见习是丰富师范生感性实践经验的过程。师范生在学校学习了教育学与心理学等相关理论知识，脱离现实教育情境，不利于深入理解其内涵本质，而教育见习可以使师范生深入真实生动的教育情境，赋予理论知识以鲜活的生命力。教育见习可以提升师范生将理论与实践相结合的能力，加强师范生对理论理解的深度与广度，提升其教学实践能力。

4.2.1 教育见习的目的、任务与基本要求

1. 教育见习的目的

英语师范生教育见习的主要目的是通过观察、评价他人的教学实践，更加深刻地理解英语教学的基本理论，掌握英语教学的规律和特殊性，具备对课堂教学的评价能力，为将来进一步的教育实习和毕业后的教育工作实践奠定扎实的基础。

通过教育见习，师范生应达到以下目的。

(1) 理解中小学英语教育工作的意义和专业性，从情感、态度、人生观、价值观等方面认同并热爱中小学英语教育事业，培养投身教育、热爱教师职业的感情，坚定从教信念，培养教育情怀。

(2) 通过观察、接触、体验等形式，融入教学场景，学会组织与建设班级，掌握班主任工作规律和基本方法及班级指导的规律和特点，形成对中学教育教学工作的正确认知。

(3) 掌握沟通交流合作技巧，学会与领导、教师、学生、家长进行有效沟通和交流，具有团队互助和合作学习体验；能够在学校的活动中积极、有效地进行协作与研讨。

2. 教育见习的任务

(1) 教学见习

① 观摩各种类型的中小学英语优质课 8 节以上，了解教学大纲、课程设置和教材教法，了解教学流程，熟悉教学计划、备课、上课、作业布置与批改、课外辅导、成绩评定等教学过程性细节。

② 学习并利用课堂观察技术分析观摩课教学，从教材、学生、教师、活动等维度批判性地分析教学设计；填写听课记录，撰写心得日志，开展听课后的讨论和反思。

(2) 班主任工作见习

① 听取见习学校介绍，了解见习学校的校园文化、教育教学管理等情况。

② 学习师德规范，了解班主任工作职责、工作流程和班级管理的基本范围，正确认知班主任角色，熟悉班主任工作任务。

③ 观察班主任的日常班级管理活动和班级指导策略，记录、学习实践导师的班级管理与指导经验，学习实践导师对学生进行思想道德教育和个别谈话的艺术，以及班级日常管理的基本方法和技巧等。

④ 深入班级调查学情，与班主任和学生交流沟通，了解学生的学习、生活现状和思维发展特点，探索班主任工作规律和学生思想政治教育工作策略。

3. 教育见习的基本要求

(1) 服从安排，遵守学校、实习单位的规章制度。

(2) 认真做好听课笔记，与同学积极探讨心得体会。

(3) 填写并提交教育见习手册。

4.2.2 教育见习的实施

教育见习包括理论学习、听课与讨论、模拟课堂教学实践与讨论等环节。通过完成每个环节的见习任务，获得相应的教师素养能力。

1. 理论学习

通过教育见习，巩固英语教师课堂教学与管理的相关理论。学习先进的英语课堂教学与管理理念和英语课堂教学基本技能在实际教学中的运用，根据实际需要选择并运用恰当的英语课堂教学方法和课堂教学与管理技巧，初步具备英语课堂管理能力与评价能力。

2. 听课与讨论

带领学生到中小学旁听优秀教师的授课，然后进行集体讨论。了解当前中小学英语教学的实际情况及改革趋势，了解中小学英语课堂教学的基本结构和模式，培养课堂教学的评价能力。进一步深刻理解中小学英语教学的基本理论、规律及其区别于其他学科教学的特殊性。

3. 模拟课堂教学实践与讨论

带领学生模拟课堂教学实践，即每次在学生中选定一人为模拟教师，其他人为模拟学生，进行模拟教学和集体讨论。要求掌握英语课堂教学的基本结构和模式，能独立设计教学步骤，具有初步的课堂教学评价能力，能够在听课的同时迅速把握该堂课的总体思路与教学特色。

4. 填写教育见习手册

教育见习手册包括三个部分。
(1) 教育见习手册封面(汉语)

格式要求：
1. 标题"教育见习手册"(宋体，小初)。
2. "学院、专业班级、姓名、指导教师、见习时间"(宋体，小三)。
3. 行间距 1.5。

---

(2) 教育见习手册主体

教育见习手册主体包括听课记录、模拟教学教案、班级管理案例(根据实际情况加页)，如表 4-1～表 4-3 所示。

表 4-1　听课记录

班级		时间		授课人	
授课题目				课型	
教学目标 Teaching Objective (核心素养) Language Ability, Cultural Awareness, Thinking Capacity, Learning Ability					
重点 Key Points 难点 Difficult Points					
教学方法 Teaching Methods					
教具 Teaching Aids					
教学过程 Teaching Process					
听课心得 Pros and Cons (优缺点及建议)					

表 4-2　模拟教学教案

授课题目		课型	
教学目标 Teaching Objective (核心素养) Language Ability, Cultural Awareness, Thinking Capacity, Learning Ability			
重点 Key Points 难点 Difficult Points			
教学方法 Teaching Methods			
教具 Teaching Aids			
教学过程 Teaching Process			
板书设计 Blackboard Design			

表 4-3 班级管理案例

见习学校	
案例概述	
案例分析及评价	
心得体会	

(3) 教育见习总结及成绩评定 (如表4-4所示)

表 4-4 教育见习总结及成绩评定

教育见习总结						
成绩评定						
出勤 10%	听课 50%	教案 10%	班级管理 20%	总结 10%	总成绩 (百分制)	总成绩 (四级制)

指导教师签名：

年　　　月　　　日

4.2.3 教育见习的考核与评定

为达到教育见习预期效果，应在学校相关制度下制定适合本专业实际需要的教育见习考核评定标准。

(1) 见习成绩评定分为四个部分：听课记录、模拟教案设计、综合表现和见习总结。

(2) 见习学校指导教师与学院带队教师根据学生教学见习与班主任工作见习表现，结合见习手册和总结，按优秀、良好、及格、不及格四个等级评定见习成绩。

(3) 严格执行评定标准 (如表4-5所示)，按比例评定学生的见习成绩。

表 4-5 教育见习评定标准

评定项目		具体内容	评定标准
考勤 10% (满分 100)	缺课	无故缺席	缺勤：-50/次 无故缺席两次，见习成绩为零
	请假	事假、病假	病假：-10/次 事假：-20/次 请假以假条类型为准
	迟到	迟到 10 分钟以内	迟到：-10/次 迟到 10 分钟以上按事假计算

续表

评定项目	具体内容		评定标准
考核成绩80% (满分100)	教学见习	教学任务完成度	占考核成绩的50%，50分
	班主任见习	班主任任务完成度	占考核成绩的50%，50分
见习手册10% (满分100)	见习手册	撰写字迹完成度	字迹工整度占考核成绩的20%，20分；手册内容完整度占80%，80分

4.3 教育实习

师范生教育实习是指在学校组织和教师指导下，为了培养和提高师范生从事实际教育工作的技能，到实习学校进行的集中教育实践活动。教育实习是初步训练师范生实际教育与教学工作能力的综合实践方式，主要包括课堂教学和班主任工作。教育实习是师范生在实习学校以教师角色亲自参与课堂教学的实践活动形式，在这一阶段，师范生应充分发挥主体性，实际完成教育教学相关工作。教育实习是师范生必修的集中实践课程，是帮助师范生形成教师专业理念的重要契机，是高校师范人才培养工作的重点内容。

师范生教育实习的指导工作应采用"双导师"制度，即高校学院指导教师、中学相应学科教师共同指导师范生进行教育实习的制度。实习学校选拔经验丰富的教师参与指导工作，进一步确保师范生的培养质量，为学生毕业后走上工作岗位奠定良好的基础。学院选拔有经验、懂教法、负责任的教师带领学生到实习学校进行实习指导，与实习学校指导教师共同做好师范生教育实习工作。

4.3.1 教育实习的目的、任务与要求

1. 教育实习的目的

教育实习的目的是，通过教育实习使师范生将学到的教育理论和技能应用于教育、教学实践，获得有关义务教育阶段教育教学工作的全方位锻炼，培养和提高独立从事教育和教学的能力及与人合作的能力，增强从事教育工作的职业认同感，使自己尽快成长为一名未来教育事业需要的教师。教育实习可以检验师范专业的人才培养质量，通过收取反馈信息，及时调整师范生人才培养方案，使师范教育得到可持续发展。

2. 教育实习的任务

教育实习时间一般为一学期，在这期间，师范生应该完成以下各阶段的任务。

(1) 准备阶段

教育实习时，实习生首先要进入实习班级听课并了解班级情况。跟班实习，观摩学科教学，熟悉教学常规，学习指导教师的教学方法，听取指导教师介绍班级情况，接触了解班级学生，观摩指导教师的日常班务等工作；教学实习前要进行备课及教学设计，落实讲课内容，在指导教师的指导下认真备课，写好教案，做好教学设计，为上课做好充分的准备。

(2) 课堂教学和班主任实习实施阶段

① 课堂教学实习

第一，实习生要进行说课，并将说课稿写在实习手册中。第二，实习生要进行课堂教学。每个实习生应在正式上课前将自己的教学设计交给指导教师审阅，经指导教师签字同意后方可上课，课后要主动听取指导教师的意见。在做好课前准备的基础上，努力上好每一节课。实习基地指导教师和专业指导教师随堂听课。至少完成1节以上公开课，并录像及制成光盘。第三，实习生要认真布置作业、批改作业，批改要正确，批语要准确、工整并及时做好讲评，备好作业批改记录。第四，实习生要进行适量的学习辅导，并在实习手册中完成学习辅导记录。第五，实习生要积极参加实习学校组织的教师教研活动，并在实习手册中完成教师教研活动记录。

② 班主任实习

首先，在指导教师的指导下学习如何做学生的思想工作。其次，要认真撰写"班主任工作计划""主题班会计划"，组织好主题班会，参加实习学校组织的各项活动，并在实习手册里完成班主任工作记录。

(3) 总结阶段

① 个人总结

进行个人总结并形成书面材料，在实习小组进行总结讲评。根据实习期间的教学情况、工作表现和效果，实事求是地评选优秀实习生，并将实习总结上交存档。实习生要做好实习学校与实习班级的善后和告别工作。

② 评定实习成绩

基地指导教师和专业带队教师共同评定实习生的实习成绩。实习优秀率评定一般可定在25%，再从中评选出院级优秀实习生，比例一般为全体实习生的5%。专业指导教师完成实习生考核表的填写工作。

③ 总结观摩

实习结束后，学院组织学生召开实习总结表彰大会，树立优秀实习生典型，总结实习工作，现场观摩优秀实习生教学。

3. 教育实习的要求

师范专业认证要求师范生在教育实习中，能够依据所教学科的课程标准，针对中小学生身心发展和学科认知特点，运用学科教学知识和信息技术进行教学设计、实施和评价，获得教学体验，具备教学基本技能，具有初步的教学能力和一定的教学研究能力。英语师范生应该学会反思，要了解国内外英语学科教学改革发展的新趋势和前沿动态；根据时代、教育和社会发展需求，进行职业生涯规划，具有英语教师专业发展意识；具有一定批判性思维能力和创新创业意识，能够分析和解决英语教学实践中的问题，初步具备一定的教学研究能力。教育实习是师范生必须参加的综合实践必修课，原则上采用集中实习方式。

4.3.2 教育实习的组织管理与职责

教育实习是师范教育贯彻理论联系实际原则、实现培养目标不可缺少的教学环节，是教学计划中的重要组成部分。教育实习，有助于学生把所学知识综合运用于教育和教学实践，培养和锻炼其从事教育和教学工作的能力，加深和巩固其专业思想。因此，各高校均会制定指导本校师范专业教育实习的相关规定，明确相关职责。以下仅简述学院、专业指导教师及实习学校指导教师、班主任的主要职责。

1. 学院职责

(1) 成立由学院分管教学工作的副院长任组长的教育实习领导小组，指导本学院的教育实习工作。

(2) 组织教师编写各专业教育实习大纲，制订实习计划并组织实施。

(3) 进行实习纪律和安全教育。

(4) 组织实习经验交流会，评选先进个人和专业指导教师，推荐优秀实习生。

(5) 做好教育实习经费报销工作。

(6) 加强实践教学基地建设和管理。

(7) 负责实习材料的整理、归档、上报，教育实习结束1个月内，学院将教育实习成绩单、教育实习统计表汇总留院备查，教育实习工作总结报送特定部门。

2. 专业指导教师主要职责

学院应选派教学经验丰富的教师担任教育实习的专业指导教师，且每人原则上最多指导20位实习生。

(1) 做好实习前的准备工作。

(2) 提前与实习学校联系，安排实习生进校、离校及在校期间食宿等事宜。

(3) 向实习学校介绍实习生的情况，与实习学校指导教师和班主任联系，共同确定实习内容，分配实习任务。

(4) 指导实习生备课、编写教案、听学生试讲、解决疑难问题等。1个月至少到实习学校课堂听课1次。组织每名实习生试讲、评议课不少于2节，听每名实习生上课不少于4节。

(5) 关心实习生的思想、心理、教学和生活情况。
(6) 督促学生严格遵守实习生守则。
(7) 评定实习成绩并写出评语。
(8) 做好与实习有关的报销工作。
(9) 完成实习工作总结。

3. 实习学校指导教师主要职责

(1) 介绍本课程教学情况，传授教学经验。
(2) 安排实习生的教学见习，指导实习生备课和试讲，审批教案。
(3) 指导实习生批改作业和进行课外辅导。
(4) 评定实习生的实习成绩并写出评语。

4. 实习学校班主任主要职责

(1) 向实习生介绍班级工作情况，传授班主任工作经验。
(2) 指导实习生制订班主任工作计划，检查计划执行情况。
(3) 指导实习生组织好班级活动，召开主题班会。
(4) 评定成绩并写出评语。

4.3.3 教育实习的实施

1. 课堂教学实习

(1) 准备阶段：听课

听课能让师范生亲身体验课堂教学实际，丰富感性认识，了解课堂教学工作的特点和规律，为课堂教学实习作准备、打基础。

听课前，师范生要了解教材相关章节、授课题目、教学目标、重点难点，了解学生和讲课教师的基本情况，熟悉心理学、教育学、教学法课程讲授的理论知识。

听课时，既要观察教师也要观察学生，尤其在师生互动时，要交替观察师生双方的反应，揣摩观察对象的心理活动，并做好详细的记录。

第一，听课要全面有序。要根据教学内容的内在线索，以观察教师为主，兼顾观察学生，在师生之间及时变换观察点。观察学生时要点面结合。

第二，听课要有重点。可重点观察教学过程的特点和教学方法的运用；观察授课教师的语言、教态、眼神的运用以及怎样启发学生等。

第三，听课后要及时整理课堂听课记录(如表4-6所示)。认真听取示范课教师备课和上课的经验与体会，还要注意听取其他同学听课的收获，然后认真研习，取长补短，写好听课心得。

表 4-6　课堂听课记录

实习学校					
班级		时间		授课人	
授课题目				课型	
教学目标 Teaching Objective (核心素养) Language Ability, Cultural Awareness, Thinking Capacity, Learning Ability					
重点 Key Points 难点 Difficult Points					
教学方法 Teaching Methods					
教具 Teaching Aids					
教学过程 Teaching Process					
听课心得 Pros and Cons (优缺点及建议)					

实习学校指导教师签字：

学院指导教师签字：

年　　月　　日

(2) 实施阶段

① 备课

为了完成教学任务，实习生在上课前所进行的课程大纲研究、钻研教材、收集参考资料、准备教具、了解学生、确定教学目的要求等一系列准备工作统称备课。备课是为了教学工作能够有目的有计划地进行。认真备课是确保课堂教学成功的首要环节，是形成教学能力的过程。

第一，要备英语课程标准。英语课程标准确定了义务教育阶段英语课程的总体目标、课程性质、内容标准、实施建议等。它是根据党的教育方针、义务教育阶段英语课程的培养目标和教学计划的要求而制定的，是教师完成教学工作、考试命题、评价教学质量的依据，也是教育部门和学校领导检查和评定教师教学效果的标准。全面了解英语课程标准是上好英语课的依据。

第二，要备教材。教材是根据课程标准编写的，它是教学内容的具体化，是教学的重要依据。钻研教材就是要求把课程标准和教材结合起来研究。在教育实习之前，英语师范生通过开设的英语课程标准与教材分析课程，了解相应内容。根据课程标准了解课程性质、课程理念、课程目标、课程内容、学业质量以及课程的实施等，按照新课程标准所规定的目标和提示的原则、方法，达到课程标准所要求的水准，把课程标准的精神贯彻到每一堂课。针对教材，首先要通读，熟练掌握教材全部内容和组织结构，弄清章节内容的内在联系，找出教学重点，分清主次；掌握教材的基本理论、基本知识、基本技能，以及教材的思想性、科学性、系统性。

第三，要备教学资源。首先是教学参考书，它是教材的补充和说明，为教师完成教学任务提供重要依据，通过仔细研读，提高教学艺术。除此之外，还要广泛搜集、阅读与本专业有关的报刊、书籍等资料，从中了解本学科的进展、最新信息和成就；了解本专业的知识、原理在社会实践中的应用；了解本专业优秀教师的教学经验及国内外本专业教学状况，不断丰富自己的知识，并从中选择适合的材料补充在自己的教学中，扩大学生的知识面，丰富课堂的教学内容，激发学生的学习兴趣。

第四，要备教学媒体。教学媒体是教学内容的载体，是教学内容的表现形式，是师生之间传递信息的工具，如实物、口头语言、图表、图像以及动画等。教学媒体多种多样，要根据教学实际需要选择。需要在微机室、语音室、多媒体教室上课的，要提前作准备，熟悉硬件操作。

第五，要备学生。教学是教与学的双边活动，学生是教学对象，教师讲课的目的是帮助学生掌握知识、发展能力。为了使教学结合实际，有的放矢，备课必须备人，也就是必须熟悉自己的教学对象，深入了解学生的具体情况。备学生时应主要了解以下方面：可通过原任课教师或指导教师了解所教班级学生接受能力的强弱，思维活动情况，完成作业情况，班级学风，以及学生的英语基础；通过家长了解学生家庭以及自学情况，听取家长意见；通过学生了解学生，吸取学生意见；建立学生档案，全方位准备，为教学提供依据，使讲课具有针对性。因材因人施教，既要面向全体又要分层次提出要求，努力使教学切合学生实际。

第六，要备教学目的及方法。教学目的是一堂课的方向，只有保证每节课达到教学目的，教学的任务才能实现。每节课都要有明确的教学目的，使教学重点突出；围绕教学目的组织教学，主次分明、层次清楚，使教学结构严谨，形成系统。确定了教学目的，选择教学方法和课型才有依据。教学目的包括：英语学科的基础知识、基本技能、能力培养、思想教育等目标。制定教学目的时有两个要求：一是要切合本堂课实际，不必面面俱到；二是要目的具体、明确、简要。

教学方法是为教学内容服务的，要根据教学内容确定教学方法，设计教学方法时要考虑教学目的、学生特点、班级情况、教学媒体等因素。无论使用哪种方法，都要从实际出发，讲求实效。灵活运用"自主、合作、探究"等各种教学方法，形成自己的教学特色。

第七，要备课型。英语新课程理念应该配合新的英语教学模式。英语教学内容种类繁多，目标要求不一，教学情境也不尽相同，这就要求英语师范生在设计教学时要根据不同的教学目标和教学情境设计不同的课程类型，通过不同的课程类型完成相应的教学任务。根据教学任务，英语教学课型主要分为两大类：第一类是单一课，指在一节课内只完成一种教学任务的课，按英语知识和技能教学可分为词汇课、听说课、阅读课、写作课等；第二类是综合课，指在同一节课内同时完成几种教学任务的课。

第八，要备板书。要深入分析教材，厘清脉络、抓住中心，用简洁的文字或图形，把一节课的中心内容展现于黑板上，让学生易于理解，便于记忆。

② 教案设计

教案是在教学活动时对所用教学方法和希望达到的教学目标的详细计划。教案设计的质量将直接影响教学效果。

教案设计应根据课程标准确定相应的教学目标，紧扣教材内容，参考必要的教学资料。教案设计应以学生为主体，根据学生的实际情况、学习规律和特点及本校的设备条件设计并撰写，一般包括授课题目、教学目标、课型、教学方法、教学过程和时间分配等。教学过程是教案设计的主要部分，一般包括组织教学、导入新课、学习新教材、巩固新知识、布置作业等几个基本环节。

实习生教案设计撰写需要考虑以下因素：第一，明确实习学校和实习班级学生情况，了解课程标准，明确课程教学的核心素养；第二，根据学生认知水平和学习特点，确定教学重难点；第三，选择相应的课型和教学方法；第四，选择适宜的教学媒体及教具；第五，通过提问、讨论、复习、作业等评价方式检测教学成果；第六，根据教学目标设计板书；第七，针对每一个教学环节合理分配时间；最后，实习学校和学院带队指导教师撰写评语，提出教学建议，如表 4-7 所示。

表 4-7 教案设计

实习学校指导教师		学院指导教师	
上课时间	年　　月　　日	星期　　第　　节	
实习学校		实习班级	
授课题目		课型	
教学目标 Teaching Objective (核心素养) Language Ability, Cultural Awareness, Thinking Capacity, Learning Ability			
重点 Key Points 难点 Difficult Points			
教学方法 Teaching Methods			
教具 Teaching Aids			

续表

实习学校指导教师				学院指导教师	
上课时间		年　　月　　日　　星期　　第　　节			
实习学校				实习班级	
授课题目				课型	
教学过程 Teaching Process				时间分配 Time Distribution	
实习学校导师评语 Comments					
学院带队导师评语 Comments					

③ 说课

说课是进行教学研究、教学交流和教学探讨的一种教学研究形式。说课内容包括：说教材、说学情、说教学目标设计、说教学重难点，说教法、学法与教具、说教学过程、说板书设计等，如表 4-8 所示。

表 4-8　说课表

日期	年　　月　　日　　星期		
课题		科目	
班级	课节	课时	
说教材 Text Book	教材地位、册数、所在单元或章节、结构、内容、作用		
说学情 Student Situation	对应年级学情特点分析		
说教学目标设计 Teaching Objective	语言能力、思维品质 文化意识、学习能力		
说教学重难点 Key Points and Difficult Points	教学重点是教材中起决定作用的内容，它的确定要遵循大纲、教学内容和教学目标；教学难点是学生学习时的困难所在，依据各学科特点和学生的认识水平而定		
说教法、学法与教具 Teaching Methods and Teaching Aids	教法的总体构造及依据；具体采用了哪些教学方法、教学手段及理由；所用的教具、学具。 学法的重点及依据；学法的具体安排及实施途径；教给学生哪些学习方法，培养学生的哪些能力，如何激发学生的学习兴趣、调动学生的学习积极性		
说教学过程 Teaching Procedures	情境导入、新授课程、巩固练习、课堂小结、作业布置		
说板书设计 Blackboard Design	板书内容布局		

④ 做公开课

在教育实习中，实习生要完成的另一项重要任务是上好一堂公开课。公开课是实习生之间取长补短、互相借鉴，提高整体教学水平的平台。上过公开课的实习生，得到了锻炼，积累了教学经验，也吸取了教训，为毕业后更快地适应教学岗位打下了基础。

公开课比平时的课程要求更高，实习生要克服害怕心理，树立信心，虚心听取实习学校指导教师、学院带队指导老师和实习同学的意见，消化教案，反复试讲，充分准备。

⑤ 其他教学任务

实习生在完成课堂教学任务的同时，还要完成作业批改任务，分析学生作业存在的问题，反思课堂教学的不足，提出解决方案，并做好相关工作记录，如表4-9所示。

表4-9 作业批改记录

实习学校		批改科目		批改时间	
批改对象				批改人数	
作业总体情况	上交作业情况				
	未交作业情况				
教学内容					
作业内容					
作业存在的问题及原因					
解决策略					
总结与反思					

同时，要完成学习辅导任务，发现学生学习存在的问题，及时解决，提出改进自己未来教学的相应策略，并做好工作记录，如表4-10所示。

表4-10 学习辅导记录

实习学校		辅导科目		辅导时间	
辅导对象		辅导方式		（ ）集体辅导 （ ）个别辅导	
学生总体情况					
存在的问题					
辅导内容					
辅导效果					
辅导反思					

此外，还要定期参加实习学校组织的教研活动，听取有经验的优秀教师的意见，反思自己的教学，及时找出实习教学中存在的问题与不足，提高教学水平。最后，认真总结教研活动内容并做好相应记录，如表4-11所示。

表 4-11　教研活动记录

时间		地点	
教研主题			
教研目的			
教研组织形式			
主讲人		主要参与者	
教师教研活动内容			
教师教研所取得的效果			
反思与评价			

2. 班主任实习

要做好班主任工作，首先要成为一个有心人，做到有爱心、耐心和细心；要掌握适当的方法和技巧，在管理班级工作中，努力做到方法巧、效果好；要有积极向上的心态，把班主任工作当作一件乐事来做。

(1) 准备阶段

① 班主任角色定位

实习生上岗前，要在心理上做好充分的准备。正确地对班主任这一角色作出定位，有利于更好地开展工作。首先要知道班主任不仅是知识的传授者，还是班级的管理者。教育的发展要求德育先行，班主任承担着育人的工作，要培养具有核心素养的接班人，班主任责无旁贷。班主任也是终身学习者，既要不断提升自己的教学水平，还要不断提升班主任管理水平。班主任要做有效的沟通者，做学生家长、科任老师与学校之间的桥梁。

班主任还是主动的探究者，要研究科学管理班级的方法。班主任也是学生学习、心理、生活方面的助力者。班主任还是健康人格的塑造者，学高为师，身正为范。班主任要用自己的行为感染学生，帮助学生树立正确的人生观、世界观和价值观，为国家培养合格人才。

② 做好角色转换

走入学校成为实习生，身份的转变是一个调整的过程，不同的场合要扮演不同的社会角色。实习生要在心态、言行等方面适应教师的身份，符合实习学校的标准和要求，服装干净整洁，谈吐大方得体，端庄、自然、有礼貌。

作为实习班主任，应有广泛的兴趣，懂得一些音、体、美、科技等方面的常识，善于组织丰富多彩的班级活动，使学生在愉快的活动中增强学习兴趣和上进心。

观摩实习学校原班主任的日常班级管理及班级活动，从思想、纪律、文娱活动、劳动等各个方面适应班级日常管理工作，与实习学校班主任一同管理班级。尊重实习学校班主任，积极主动地争取得到其指导，多请示多汇报，并适时地与实习学校班主任讨论管理的方法。了解实习学校对班主任的工作要求及工作计划,在此基础上制订班主任实习工作计划,呈交学院带队指导教师及实习学校班主任审批。

③ 填写基本情况

班主任实习工作计划主要包括:明确所在班级管理的目标和任务,包括近期与远期目标和任务;根据班级特点制定每周、每月以及学期的工作目标;领会实习学校近期的中心工作,及时制订工作计划;根据本班实际,做到目标明确、任务具体、安排得当、措施有力、切实可行;同时,计划必须得到实习学校班主任审批后方可执行;计划整理好后,填写相关内容,如表4-12所示。

表 4-12 班主任实习工作计划

实习学校			实习时间	
实习生姓名		实习学校班主任姓名		实习班级	
班主任实习工作计划					

④ 了解班级情况

在做实习班主任时,实习生要填写实习班级基本情况,包括班级学生自然情况——人数、学生姓名、性别;学生学习情况——各分数段的学生人数和名单;纪律情况、思想情况等,如表4-13所示。

表 4-13 实习班级基本情况

实习班级:		总人数:	实习学校班主任:
学生姓名	性别	学生情况(学习、纪律、思想)	记事

(2) 实施阶段

班主任工作内容丰富多彩,由于教育实习时间的局限,不可能把班主任工作都一一做到。一般来说,必须做好以下工作。

① 与实习班级学生见面

班主任实习开始,实习生由实习学校班主任介绍,与实习班级学生见面。实习生一定要向实习学校班主任了解班级及学生情况,尽快认识每一个学生,建立学生档案。

② 组织管理班级

从班主任实习开始,实习生就要参加学生日常活动,包括负责各种活动的组织与指导、管理学生思想、指导学生学习方法、维持常规纪律、组织文娱活动等。作为班主任应结合本班学生的认知发展水平、年龄特征、班级群体心理,制定本班的共同奋斗目标,组织好为实现目标而进行的集体活动。在实现班集体奋斗目标的过程中,要充分发挥集体每个成员的积极性,使实现目标的过程成为教育与自我教育的过程。每一个集体目标的实现,都是全班共同努力的结果,分享集体的欢乐和幸福,形成集体荣誉感和责任感。

做好班主任工作,树立威信,言必信,行必果,事事做到位,这才能要求学生事事做到。要努力得到学生的信任,懂得亲其师而信其道的道理。

要脚踏实地、认真负责、一丝不苟地完成班主任实习;要发挥好模范带头作用,忠诚于人民教育事业,对班级的大事小情尽职尽责;要以身作则,严于律己,为学生树立良好的榜样。

③ 接触学生

实习班主任要走进班级,要观察、了解和认识学生,初步掌握学生的学习情况、平时表现、家庭状况、爱好特长等,并对班级学生给予总体评价。细心观察学生的表现,有爱心、耐心,做学生的良师益友。对待学生要一视同仁,讲究教育方法,根据学生差异因材施教。对待犯错误的学生要耐心引导,以正面教育为主。要发现每一个学生身上的优点,充分发挥每个学生的优势。

实习班主任还要控制好与学生的交往距离,以免引起不必要的误会。查阅学生作业时,发现问题及时向实习学校班主任汇报,一起讨论研究解决问题的办法。遇到突发事件要冷静处理,调查情况要准确,并及时向实习学校班主任汇报。

认真记录日常管理工作中发生的典型案例,做好记录、分析和评价,认真总结班主任实习心得,填写班级管理案例表格,如表 4-14 所示。

表 4-14　班级管理案例

实习学校				
实习班级		总人数		实习学校班主任	
案例概述				
案例分析及评价				
心得体会				

学院指导教师签字:
　　　　　　　　年　　月　　日

④ 组织主题班会

主题班会就是围绕一个中心内容有目的、有组织地进行的班集体成员的自我教育活动,是对全班学生实施教育的重要途径。实习班主任要组织学生开好一次主题班会,要发动班集体成员共同参与,达到自我教育的效果。开好主题班会,首先是确定主题。主题要有明确的目的性、较强的针对性,一切活动都应围绕该议题和中心内容进行。其次是要确定形式、时间和地点。主题班会的形式一般视主题而定,要求生动活泼,切忌单一呆板、枯燥乏味。

从内容上来说,主题班会可分为:新闻热点类,结合当前的国际、国内形势,抓住一些热点问题,设计符合本班学生年龄特点的主题,引导学生进行讨论、思考,培养学生形成事事关心的好习惯;重大节假日类,利用一些节假日,如青年节、国庆、新年等时机,激发学生努力学习、不甘落后的精神;学习生活类,根据学生的学习生活、思想动态,选择一些适合讨论的现象或问题,引导学生围绕一个中心进行多方面的讨论、辩论,发表自己的见解;责任感培养类,向学生介绍新方法,引导学生憧憬美好未来。

从形式上来说,主题班会可采用教师主讲、师生讨论、汇报、辩论、竞赛、文艺表演等形式,或利用郊游、参观、夏令营的时机进行。形式是为主题服务的,关键要选好活动的主题,要体现教育性,然后根据主题选择一种或多种形式。

主题班会开得好,有利于推动班级各项工作的开展。开会前要做好周密的安排,要充分发挥学生的积极性,最好整个过程都让学生参与。寓教育于班会活动之中,做到人人有事做,事事有人做,要使学生自觉接受,主动参与。[①]最后,做好总结,填写主题班会、团队活动计划,如表 4-15 所示。

表 4-15 主题班会、团队活动计划

实习学校					
主题		主持人		时间	
目的要求					
内容	包括会议目的、程序和主持人发言、中心发言、自由发言、班主任总结的摘要				
评语					

实习学校班主任签字:
学院指导教师签字:
年　　月　　日

⑤ 结束班主任实习

实习结束前,向实习学校班主任、全班学生征求意见,进行工作总结,整理材料,填写班主任实习工作表,如表 4-16 所示。

---

① 宁明宗,贺祖斌.高师教育实习指南[M].南宁:广西教育出版社,2000:90-91.

表 4-16　班主任实习工作表

实习学校								
学生姓名		年龄		性　别		政治面貌		班级
针对个别学生了解基本情况	学习情况平时表现							
	家庭情况爱好特长							
针对个别学生采取的措施								
实习生自我评价								
实习学校班主任评价								

实习学校班主任签字：

年　　月　　日

3. 教育实习要处理好几个关系

实习生在教育实习过程中要处理好与学生、家长、实习学校指导教师以及实习学校之间的关系，这也是顺利完成实习任务的关键所在。

(1) 实习生与学生之间的关系

在实习学校的学生面前，实习生首先应建立起教师威信。重视第一次亮相，从仪表、言谈举止等方面给学生留下美好的第一印象。努力上好第一堂课，使学生觉得你有能力教好他们。要尽快记住每个学生的姓名，以便和他们进行沟通，这有助于对学生的管理。对学生充满关爱、理解、尊重、公平和耐心，要处处规范自己的行为，获得学生的尊敬。

要学会跟学生打交道，爱而不严、严而不爱都不可取。实习生要明确自己的职业角色，不能为了跟学生搞好关系，而一味地纵容学生，甚至导致班级纪律涣散。要站在高处引领学生，站在远处鼓励学生，拿出爱心与耐心，但要把握一个原则——保持距离、把握分寸，避免过于亲密。

(2) 实习生与学生家长之间的关系

实习生要学会与家长交朋友，要如实反映学生在校情况，做心与心的沟通。家长的支持、理解和配合，是开展班级工作的有力保障。与家长多交流、坚持原则、不卑不亢，建立起理解、尊重、信任的和谐关系。

(3) 实习生与实习学校指导教师的关系

实习生应与实习学校指导教师建立并保持良好的关系。首先要拜他们为师，虚心求教，耐心接受指导，诚心听取意见。教案写好后，按时送给实习指导教师审阅，认真接受修改意见。每上完一节课，要主动征求他们的意见，恳请他们给予指导。要努力完成实习学校指导教师交给的任务，还要与科任教师搞好关系。在班主任实习期间，实习生是学生和各科任教师之间的桥梁，科任教师是保障班级成绩上升的前提。科任教师相当于班级的副班主任，其支持能够减少很多班主任的工作。实习生要从正面角度看待问题，用一种豁达、真诚、谦虚的心态与实习学校教师真诚相处。学会沟通，是师范生成长的一堂必修课。

(4) 实习生与实习学校的关系

实习生如果对实习学校有任何建议和要求，必须通过学院带队指导教师进行反馈。由带队指导教师向实习学校提出，绝不能自己直接联系，这更有利于与实习学校保持良好的关系。实习生应服从实习学校指导教师的领导，主动帮助他们开展工作，成为其行政上的得力助手。尊重实习学校指导教师，主动、虚心向实习学校指导教师请教，不能自以为是、我行我素。

4.3.4 教育实习总结

教育实习总结是教育实习的最后阶段。学院组织召开教育实习总结汇报会，同时开展实习成果展(包括实习图片、教案、调查报告等)，进行宣传报道。

在实习结束后1个月内，学院向学校负责部门报送学院教育实习工作总结、优秀实习学生名单等材料。

学院和学校负责部门建立教育实习档案管理制度。实习组织学院的档案管理负责人做好相关师范专业实习工作原始资料和部分材料的搜集、整理、汇总与登记等管理工作(包括实习大纲、实习计划、实习通讯、指导教师登记表、实习总结、实习成绩登记表)，同时留院备查；实习计划必须在学生实习前半个月上交学校负责部门，实习总结必须在实习结束后1个月内上交学校负责部门。实习生做好个人教育实习总结，如表4-17所示。

表 4-17 教育实习总结

题目	
纲要	
描述实习过程的基本情况，分析工作中各个环节的收获和体会，找出自己的不足，并对教育实习提出建议。(不少于2000字)	

4.3.5 教育实习的成绩评定、考核标准与档案管理

1. 教育实习的成绩评定

(1) 教育实习成绩通常采用优秀、良好、及格、不及格的四级评定，其中优秀人数一般不超过实习生总人数的 30%。

(2) 教学工作实习成绩和班主任工作实习成绩分别由实习学校任课教师、实习学校班主任评定；学院指导教师根据自己的指导、听课以及实习生个人总结等情况，对实习学校任课教师、实习学校班主任评定的成绩进行公正的调整，并写出评语。

(3) 教育实习不及格不能获得相应学分，需跟下一年级学生重新进行教育实习。

2. 教育实习的考核标准

师范生教育实习考核按下面四大标准进行。

(1) 师德践行能力考核标准 (占教育实习总成绩的 30%)，如表 4-18 所示。

(2) 教学实践能力考核标准 (占教育实习总成绩的 40%)，如表 4-19 所示。

(3) 综合育人能力考核标准 (占教育实习总成绩的 20%)，如表 4-20 所示。

(4) 自主发展能力考核标准 (占教育实习总成绩的 10%)，如表 4-21 所示。

成绩评定时按优秀、良好、及格、不及格四个档次，给出明确评定标准，用以指导学生完成实习任务和帮助指导教师评定成绩。以下仅列出优秀档评定标准。

表 4-18 师德践行能力考核标准 (占教育实习总成绩的 30%)

等级内容项目		满分 100	优秀 90~100	良好 75~89	及格 60~74	不及格 0~59
师德践行能力	为人师表	30	爱国守法，举止端庄，尊敬师长，团结互助，严于律己，成绩突出；遵守教师职业道德规范。(优)			
	实习态度与纪律	30	实习态度认真，能严格遵守《实习生守则》及一切规章制度，表现突出。(优)			
	教育情怀	30	认同教师工作，有积极的情感、端正的态度、正确的价值观；尊重学生，富有爱心、责任心，工作细心、耐心。(优)			
	自我评价	10	能全面、深刻、客观地分析自己的工作，能虚心听取别人的建议和意见，并及时采纳和改进。(优)			

表 4-19　教学实践能力考核标准（占教育实习总成绩的 40%）

等级内容项目			满分 100	优秀 90～100	良好 75～89	及格 60～74	不及格 0～59
教学实践能力	课前准备	教案	10	备课认真，教案完整，质量较高，能独立、按规、按时完成；虚心求教指导教师。（优）			
		预讲	10	内容熟悉，教态自然，符合教学要求。（优）			
	课堂教学	教学内容	15	目的明确，重点突出，难点抓得准，内容科学系统。（优）			
		教学方法	20	启发性强，积极开展双边活动，能用标准普通话教学，语言简洁、流畅、板书规范、有序、美观；教学基本功扎实。（优）			
		教学组织	10	能全面照顾和严格要求学生，课堂教学组织严密，课堂秩序活而不乱，应变能力较强。（优）			
		教学效果	15	达到了教学目的；教学内容能当堂消化巩固，教学效果好。（优）			
	课后活动	批改作业	10	批改作业仔细、规范，评讲作业系统、效果好。（优）			
		课外辅导	10	能主动、耐心、细致解疑答问；有启发性，能区别情况，因材施教；指导科技活动和兴趣小组能力强。（优）			

表 4-20　综合育人能力考核标准（与教育实习总成绩的 20%）

等级内容项目		满分 100	优秀 90～100	良好 75～89	及格 60～74	不及格 0～59
综合育人能力	准备工作	10	能较快地掌握和熟悉全班学生的思想情况以及班级特点；能以正确的教育思想为指导，根据实习学校的要求，制订具体、可行的计划。（优）			
	方法态度	10	能积极主动配合原班主任工作，深入细致，关爱学生，严格要求，正面引导，态度诚恳耐心。（优）			
	工作能力	20	独立工作能力强，善于开动脑筋想办法，积极克服困难，工作成绩显著。（优）			
	日常工作	25	能坚持参加学生活动，处理日常事务，会做学生的思想工作，效果好。（优）			
	组织活动	10	组织班会及班级活动，内容丰富、有针对性，适合学生特点，能开拓思想，开发智力，效果好。（优）			
	个性化教育	15	有目的地了解个别学生情况，有针对性地进行个别教育，效果好，并能提出好的教育建议。（优）			
	家校共育	10	善用家访、家长会或其他形式进行家校交流，并获得家长的密切配合，效果好。（优）			

表 4-21 自主发展能力考核标准（占教育实习总成绩的 10%）

等级内容项目		满分 100	优秀 90～100	良好 75～89	及格 60～74	不及格 0～59
自主发展能力	学会反思	30	积极了解国内外基础教育改革发展动态，进行学习和职业生涯规划；有一定创新意识，会分析和解决教育教学问题。（优）			
	调查论文（实习总结）	20	内容具有针对性和现实意义；材料全面、客观，具有代表性；观点鲜明，论据充分，分析透彻，具有深度思考。（优）			
	沟通合作	30	虚心求教，关爱学生，与实习学校的教职员工关系融洽，受到实习学校的好评。（优）			
	学校评价	20	经实习学校领导、指导教师评议，学生具有极强的小组互助和合作学习体验。（优）			

3. 教育实习的档案管理

(1) 教学文件：实习大纲、实习计划、任务书、指导书。

(2) 教育实习手册。

(3) 公开课光盘。

(4) 教育实习鉴定表（如表4-22～表4-24所示）。

封面格式标准：

"学生教育实习鉴定表"，方正魏碑简体，小初；

姓名、学院、专业、班级、实习单位等，Times New Roman，三号。

表 4-22 教育实习鉴定表 (1)

姓名		性别		专业		学号	
实习单位							
起止时间		自　　年　　月　　日至　　年　　月　　日					
个人总结							
要求：介绍实习的过程与内容，重点概括本人实习过程中在师德体验、教学实践、班级管理实践和教研实践等方面的收获与感受，分析自己的不足，以及改进的主要措施，500 字以内。							

表 4-23　教育实习鉴定表 (2)

	成绩评定	师德方面 (百分制) 30%	教学方面 (百分制) 40%	育人方面 (百分制) 20%	发展方面 (百分制) 10%	总成绩 (百分制)	总成绩 (四级制)
实习单位	指导教师评语				签名： 　　年　　月　　日		
	学校意见				盖章： 　　年　　月　　日		

　　指导教师意见应包括学生在实习期间的政治表现、师德素养、教育情怀、学科素养、教学能力、班主任工作、综合育人能力、沟通合作、学习反思等方面的内容。对于突出表现可以重点说明。
　　成绩评定相关说明：
　　师德方面 (百分制)30%：学生在政治素养、师德、教育情怀等方面的表现。
　　教学方面 (百分制)40%：学生在学科素养、教学能力等方面的表现。
　　育人方面 (百分制)20%：学生在班主任工作班级指导、综合育人等方面的表现。
　　发展方面 (百分制)10%：学生在沟通合作、学习反思等方面的表现。
　　总成绩 (百分制)：总成绩 = 前 4 项分别乘以各自比重再相加。
　　总成绩 (四级制)：根据百分制成绩确定，85 分及以上为优秀，70 分～ 85 分 (含70分) 为良好，60 分～ 70 分 (含60分) 为及格，60 分以下为不及格。

表 4-24　教育实习鉴定表 (3)

	成绩评定	师德方面 (百分制) 30%	教学方面 (百分制) 40%	育人方面 (百分制) 20%	发展方面 (百分制) 10%	总成绩 (百分制)	总成绩 (四级制)
××学院	指导教师评语				签名： 　　年　　月　　日		
	学院意见						

续表

实习 总成绩		盖章： 年　　月　　日

指导教师意见是对学生实习的整体性评价，对表现较突出的可重点说明。
成绩评定相关说明：
师德方面(百分制)30%：学生在政治素养、师德、教育情怀等方面的表现。
教学方面(百分制)40%：学生在学科素养、教学能力等方面的表现。
育人方面(百分制)20%：学生在班主任工作班级指导、综合育人等方面的表现。
发展方面(百分制)10%：学生在沟通合作、学习反思等方面的表现。
总成绩(百分制)：总成绩＝前4项分别乘以各自比重再相加。
总成绩(四级制)：根据百分制成绩确定，85分及以上为优秀，70分～85分(含70分)为良好，60分～70分(含60分)为及格，60分以下为不及格。

教育实习鉴定表说明：
1. 实习学生完成实习并由实习单位鉴定后，将此表交给所在学院。
2. 本表一式两份，一份放入学生实习档案中，由学院存档，另一份装入学生档案。
3. 总成绩根据指导教师意见给出。按实习单位指导教师成绩(百分制)×0.4+学院指导教师成绩(百分制)×0.6计算，再换算成四级制成绩。学生实习最终成绩为四级制成绩。

4.4　教育研习

教育研习是教育实践的第三个环节。师范生教育实习结束返校后，在相关教师指导下，基于教育实习中形成的教学设计、教学视频、教学反思、课例分析、德育案例、班主任工作、班队管理、特殊学生个案等，利用小组讨论法、专题研习法等方法开展视频观摩、案例研读、讨论交流，强化实践反思和理论提升。通过教育研习，师范生基本具备教育教学研究能力，进而提升自己的职业技能水平，以便更好地适应将来的教师工作。

4.4.1　教育研习的目的、要求和形式

1. 教育研习的目的

教育研习的目的是引导师范生深入反思教育实习工作，在专业知识、专业技能与专业态度等方面促进其专业发展，应达到如下目标。
(1) 通过对教学实习工作的研究，巩固专业知识，提高教学基本技能，提升自身的

学科教学素质与理念认知。

(2) 通过对班主任实习工作的研究，巩固专业态度，提高班级管理能力，提升自身教育理念。

(3) 通过对教育科研实习工作的研究，提高发现问题、分析问题、解决问题的基本能力，提升教育科学研究的质量与水平。

2. 教育研习的要求

通过教育研习，学生学会反思，有助于树立终身学习与专业发展意识。了解国内外中小学改革发展动态，能够适应时代和教育发展需求，学会有效学习和职业生涯规划。初步掌握反思方法和技能，具有一定创新意识，运用批判性思维方法，学会分析和解决教育教学实际问题。教育研习上交材料，具体要求如下。

(1) 在教师的指导下，研习结束后2天内，上交研习工作总结材料，包括视频研习报告1份，其他文本研习报告1份。研习报告可以由小组成员协作完成。

(2) 指导研习工作的教师在研习结束后1周内，上交研习指导工作总结材料，其中必须包括研习指导纪要。

(3) 实习生的研习工作总结材料是研习成绩审定的必要条件，教师的研习指导工作总结材料是研习工作考评的参考依据。

3. 教育研习的形式

(1) 讨论交流、观摩研讨，强调学生的主动参与、积极反思和有效探究。

(2) 讨论交流可参照以下步骤进行：个人陈述(如主要的活动、成功的经验、深刻的教训、难忘的经历、感人的细节、实践的感悟、存在的问题与困惑等)→小组讨论(补充说明、质疑问难、反思成败、提供借鉴等)→明确个体专业发展的方向与改进方法(本体性知识、条件性知识与实践性知识等的改进)。

(3) 观摩研讨可参照以下步骤进行：指导教师组织实习生观摩研讨每个实习生的教学设计文本、讲课视频、教学案例或报告 (记录教学思路、教学技能、教学方法、教学策略、教学目标等的表现)→个人说明(实习生对课堂教学或教育科研相关情况进行说明)→合作交流 (补充说明、质疑问难、反思成败、提供借鉴等) →反思提高 (总结经验教训、明确改进方向)。

(4) 指导教师应该结合学科专业的特色以及实习工作的有关情况，积极探索有效的研习指导模式，提高师范生的研习工作质量。

4.4.2 教育研习的内容及研习报告的选题性质

1. 教育研习的内容

(1) 教学工作研习：基于文本的教学设计研习；基于视频的教学案例研习。

(2) 教研工作研习：实习学校组织的专题性教研活动案例研习；实习小组组内教研活动案例研习。

(3) 班级管理工作研习：班级管理案例研习；特殊学生个案研习。

(4) 其他教研工作研习。

2. 教育研习报告的选题性质

(1) 科学性

科学性是科学研究成果的生命所在。教育研习报告的表述必须观点正确、材料可靠，论证要以事实为依据，无论阐述因果关系、结论的利弊和价值，还是结论的实用性和可行性，都必须从事实出发。推理要合乎逻辑，不可无根据地臆断。

(2) 创造性

创造性就是研习报告中应提出新理论、新观点、新方法，是衡量教育研习质量水平高低的重要依据。

(3) 可读性

为了便于传播和交流，教育研习报告的表述应具有可读性。语言必须准确、通俗，尽可能使用简洁的语言。专门的名词术语可以用，但不能故弄玄虚。

4.4.3 教育研习报告的编写格式

1. 标题

标题是撰写研习报告的依据，是以最恰当、最简明的词语反映报告中最重要的特定内容的逻辑组合，一般不宜超过 20 字。

2. 引言

引言应简要说明研习工作的目的、范围、相关领域的前人工作和知识空白、理论基础和分析、研究设想、研究方法和实验设计、预期结果和意义等。

3. 正文

报告的正文是核心，占主要篇幅，包括：调查对象、形成的论点和导出的结论等。报告必须实事求是、客观真切、准确完备、合乎逻辑、层次分明、简练可读。

4. 结论

报告的结论应是最终的总体的结论，不是正文中各段小结的简单重复，应该准确、完整、明确、精练。如果不可能导出应有的结论，也可以没有结论而进行必要的讨论。可以在结论或讨论中提出建议、研究设想和尚待解决的问题等。

5. 参考文献

参考文献来源应为近几年正规渠道公开发表的文章及权威著作等，确保研习报告的科学性。

总之，撰写研习报告(如表4-25所示)要有严肃的态度、严谨的学风、严密科学的方法，要具有科学性、创造性和可读性。①

表4-25　研习报告

学院						
实习学校		姓名		学号		
指导教师		授课科目		年级		
标题						
引言						
正文						
结论						
参考文献						

4.4.4　教育研习报告的考核与评定

(1) 师范生研习结束后，应撰写教育研习工作总结(如表4-26所示)；研习指导教师根据教育研习考核标准(如表4-27所示)进行考评。

(2) 教育研习考核由各专业负责，考核成绩按照优秀、良好、及格与不及格四级制评定。

(3) 教育研习的成绩考核，应采取以教师评价与学生互评相结合的方式，综合研习准备、研习过程和研习结果三个方面得出学生成绩。

表4-26　教育研习工作总结

自我总结	
研习评议	研习教师考核意见(客观评价研习中的态度、表现等)：
成绩考评	考评等级(优秀、良好、及格与不及格四级)，该生成绩评定为：

研习指导教师(签名)：
年　　月　　日

表4-27　教育研习考核标准

考核项目	教育研习考核指标	分值	评分
研习准备	与指导教师讨论，确定研习方案		
	准备教学叙事、课后反思、教学后记、案例材料、实习体会等研习材料		

---

① 宁明宗，贺祖斌. 高师教育实习指南[M]. 南宁：广西教育出版社，2000：134.

续表

考核项目	教育研习考核指标	分值	评分
研习过程	在研习中，积极发言，主动参与讨论		
	从材料中发现问题、提炼观点		
	思路清晰、观点表达充分、语言流畅		
研习结果	研习报告格式规范、层次清晰		
	研习报告内容充实，实践反思效果明显		
总成绩：			
等级：			

4.5 "三习"的改进策略

在"三习"实践过程中，无论教育见习中的观摩听课，教育实习中的试教、代理班主任工作、教育行政工作，还是教育研习中的研讨，都是师范生提升专业水平、教学技能技巧和教育研究能力，以及获得职业认同的重要教育实践活动。"三习"是师范生将教育理论与教学实践有机结合的关键阶段，是师范生的教育教学由纸上谈兵走向感同身受进而身体力行的重要举措。"三习"还有很多工作需要完善，具体如下。

4.5.1 帮助师范生形成教师专业理念

教师专业理念是在教师亲身实践和理性思考下内化而成的自身理念，具有个体性。教育理念诠释着教学过程中"为什么教育是这样""怎么办"等核心问题，影响着教师价值观念和教育行为选择[1]。

教育理念的形成源于实践。"三习"使师范生有机会与一线教师进行交流，通过观摩、实践、研讨等一系列实践活动，增加其对教育事业的实践认知。走入真实的教育环境，面对真实的学生，通过实践收获真实的教育感动和幸福，"三习"在指引师范生成为新时代"四有"教师方面起着其他教育环节不可替代的作用。

4.5.2 提高师范生科研与教学实践能力

师范生在"三习"过程中要发挥其主体地位的作用，积极参与每项实习、研习任务，提高其教学实践与科研能力。师范生要树立教育科研意识，坚定科研与教学相互促进的观念；要提高自身的实践反思能力，立足于实践过程的情境，从实践情境中反思自身的

---

[1] 陈宏岗. 教育实习对师范生专业理念影响的实证研究 [D]. 石家庄：河北师范大学，2011.

不足，寻求对策，再回到实践情境中去检验，改进自己的教学实践。①

4.5.3 提高指导教师的专业指导能力

指导教师作为"三习"过程中的引导者，要发挥其在"三习"过程中的主导地位作用，提高专业指导能力。指导教师要树立正确的价值观，并发扬优秀的职业道德精神，注重自身教育与科研能力的培养，以有效指导师范生的教育实践。指导教师要接受专业的相关课程培训，明确"三习"的教学目标、教学内容、指导方式以及相应的评价手段等。

4.5.4 建立"三习"多元评价体系

"三习"评价方式有待不断完善，在总结性评价、教师评价为主的基础上，增加对师范生"三习"过程中的评价。为此，亟待建立"三习"多元评价体系，其主要特点是评价形式多样化和评价参与主体多样化。首先，改变原有的以总结性评价为主的模式，转向由形成性评价与总结性评价相结合的模式。增加对师范生"三习"的形成性评价，以帮助师范生认识到自己在"三习"过程中所存在的问题，从而及时改进。其次，改变原有的以教师评价为主的模式，转向由学生自评与教师评价相结合的模式。增加学生自评这一内容，是尊重学生、以学生为主体的表现，能有效激发师范生教育实践的主动性。

4.5.5 完善高校师范生培养模式

高校建设已经全面进入"以改革提升质量"的时代。师范院校或师范专业，应确立定位，改进师范生培养模式，为社会输送高质量教育人才，已经成为学科建设的焦点。"三习"提供了获取人才培养质量有效反馈并改进人才培养方案的重要机遇。"三习"过程中，高校应关注师范生教学表现。实习结束，注重多元化主体评价，重视教学实习反思，着重挖掘师范生在专业领域、教育知识方面的不足之处。及时调整师范专业的人才培养方案，适应基础教育改革迅速发展的客观现实。主动顺应市场需求，保持对人才市场的敏感度，提升师范生职业胜任力。②

---

① 包燕琴，林一钢.师范生教育研习研究 [J].太原大学教育学院学报，2014，32(2)：22-25.
② 华春勇，冯云飞.师范专业需要高度重视教育实习 [J].中学历史，2021，(2)：6-7.

章节思考题

1. 在教育见习过程中,能学到哪些课堂上学不到的东西?真实的课堂会遇到哪些课本上没有提到的问题?

2. 反思自身在教育教学实践能力方面的不足,思考在日常学习和教育实习中如何自我提升。

3. 在教育研习过程中,怎样锻炼自己的分析、研究和解决实际问题的能力?

参考文献

[1] 佐藤学.课程与教师[M].北京:教育科学出版社,2003:209.

[2] 宁明宗,贺祖斌.高师教育实习指南[M].南宁:广西教育出版社,2000:90-91,132-135.

[3] 陈宏岗.教育实习对师范生专业理念影响的实证研究[D].石家庄:河北师范大学,2011:1-2.

[4] 包燕琴,林一钢.师范生教育研习研究[J].太原大学教育学院学报,2014,32(2):22-25.

[5] 华春勇,冯云飞.师范专业需要高度重视教育实习[J].中学历史,2021,(2):6-7.

第 5 章
教师礼仪

在《现代汉语词典（第7版）》中，"礼"解释为"表示尊敬的言语或动作"，"仪"解释为"人的外表"和"礼节；仪式"。可见，礼仪既包括具体的言语、动作、外在形象，又包括抽象的礼节和仪式。我国自古是礼仪之邦，在两千多年前，就对礼仪有了较为系统、细致的记载和讨论。

作为生活在现代社会的教师，同样应当重视礼仪，为人师表，以榜样的力量传承中华优秀文化，给学生以积极的引导与示范。教师应注重个人形象、仪态，以符合教师的职业特点，展现当代教师的风采。

5.1 教师的形象礼仪

教师在日常工作中面对着广大的学生群体，自身的仪容、着装和仪态对学生有着重要的影响。教师要注重个人卫生，保持清洁，懂得基本的化妆技巧，着装得体，合理选择配饰。同时，教师也要注意自身的站姿、坐姿和走姿，以精神饱满的状态面对学生。

5.1.1 教师的仪容礼仪

1. 教师的个人卫生

教师的个人卫生直观反映着教师的精神面貌，如果蓬头垢面、灰头土脸地走进课堂，不仅其教学效果会受到很大的影响，在学生心中的形象也会大打折扣。所以，教师要养成良好的个人卫生习惯，在学生面前树立起良好的个人形象。

保持面部清洁。做到早晚各洗一次脸，且每次洗脸时不可敷衍了事，耳朵、脖子也要洗干净，同时要照顾到鼻子和眼部的清洁。

保持口腔卫生。要保持口气清新，保证口腔无异味、无异物。吃完绿叶蔬菜类的菜肴后，要及时照镜子，确保无食物残留。

保持头发整洁。不应留怪异发型，不可将头发染成非主流颜色，如染发要选择黑色或同黑色相近的颜色。男教师要一个月左右理一次发，过长、过短的头发都不合适。女教师可以根据实际情况对发型或头发长度进行打理，做到发型与自身气质特征相符。

保持手部卫生。首先，要勤洗手。饭前、便后、下课后、劳动后、接触脏东西后都需要洗手，以保持手部卫生。其次，要勤剪指甲。过长的指甲不仅看着不雅，而且容易藏污纳垢，既没有美感，又容易在日常工作中误伤到别人。

2. 教师的化妆

在保持个人卫生的基础上，女教师可以通过化妆来进一步提升仪容。由于职业特点，教师需要早起床、早到校，所以，化妆不应占据太多时间，达到应有的美化效果即可，以自然为本，令人赏心悦目的妆容最适合。

5.1.2 教师的着装礼仪

着装礼仪有著名的 TPO 原则，T 代表 Time(时间)，P 代表 Place(地点)，O 代表 Object(目的、对象)。首先，教师的着装要和时间相符。上班时间要穿符合上班情境的服装，不能穿晚上散步、周末逛街时的服装。其次，教师的着装要符合所在地点，即学校，不能穿着去球场打球、去沙滩山林的服装来学校上课。最后，教师的着装要和职责、对象相适应。教师的职责是教书育人，每天面对的对象是学生，着装一定要与身份相符。

对于教师而言，着装在符合以上三点原则的基础上，还要特别注意以下几点：

① 着装要和性别相适宜。不可男着女装、女着男装，刻意追求前卫和非主流。

② 着装要和年龄相适宜。二十出头的教师不可为展现成熟而选择四五十岁教师的着装，否则会给人老气横秋之感，而四五十岁的教师也不可刻意追求年轻。

③ 着装要和容貌肤色相适宜。肤色偏白净的人，适合各种颜色的服装。肤色偏褐色、偏黑的人，不宜穿深色服装。

④ 着装要和体形、个性气质相适宜。如身材匀称，则选择的范围较为广泛，可根据自身气质进行选择。如身材偏胖，则可以选择偏深颜色的服装。如身材偏瘦，可以选择白色等偏浅颜色的服装。

1. 女性教师的着装礼仪

女性天生爱美，可是，身为教师的女性在选择着装、展现自身美的时候一定要有限度。教师要充分意识到自身的示范作用，着装要大方、得体，符合教师身份，体现当代女教师的风采。

女性教师的正式着装可分为套裙(西装配半身裙)和套装(西装配长裤)，讲究整洁平整、色彩搭配和配套齐全。首先，保证套裙和套装清洁，整体平整，没有褶皱。其次，色彩应同自身肤色相配，服装上的颜色不超过三种，主色调占大部分。可以存在部分点缀，但不能过多，以锦上添花为主，切不可让点缀喧宾夺主。最后，配套的鞋袜也要高度重视。鞋子可选择深色半高跟皮鞋，不可选择鞋跟太细或太高的皮鞋。当穿半身裙的时候，建议穿连裤袜；当穿长裤时，应穿长度较长的丝袜，以坐着时不露出腿为准。

除了正式的套裙和套装外，女性教师也可以选择连衣裙、半身裙、衬衫等较为正式、适合在课堂上穿着的服装。避免穿着图案夸张、容易分散学生注意力的连衣裙，可以选择单色连衣裙，突出教师庄重、典雅的气质。可以选择衬衫、带领T恤等配半身裙，上下装属同一色系为佳。

女性教师也需要注意着装禁忌与着装"六不"原则。着装禁忌：忌露、透、紧、怪异，忌穿颜色过乱的服装。着装"六不"原则：衣服不许过大或过小；不允许衣扣不到位；不允许不穿衬裙；不允许内衣外现；不允许随意搭配；不允许乱配鞋袜。

2. 男性教师的着装礼仪

对于男性教师来说，正式的着装为西服套装，即西服上衣加西服长裤。首选单色、深色的西服套装，其中常见的颜色包括藏蓝色、咖啡色、灰色、黑色等，这样的颜色给人稳重、严肃的感觉。

穿西装前，应将袖口或其他地方的商标去掉，还需注意西装的整洁和平整。西服上的扣子也要讲究，不可随意扣。单排扣的西服上衣，要坚持"扣上不扣下"的原则。单排两粒扣，扣上面的扣子。单排三粒扣，扣上一两粒或中间的扣子。如果是双排扣，则需要扣上所有的扣子。注意西装上衣口袋只起装饰作用，不能装东西，长裤的口袋也不要装东西。

衬衫常与西装进行搭配，以不起球、不起毛、不起皱为基本要求，可以选用纯棉、纯毛或以棉、毛为主要材料的衬衫。衬衫的颜色以单一颜色为宜，其中白色衬衫最为百搭，可以和任何颜色的西服相搭配；蓝色、灰色、棕色等颜色的衬衫只要颜色和西服搭配即可。需注意的是，衬衫大小要合身，不可过大或过小。衬衫的所有纽扣都要扣好，下摆要掖入裤腰，手臂平举时西服袖长应比衬衫袖长1～2厘米。

除了西服套装之外，校园环境中，男性教师可以多选择衬衣、毛衫、夹克、带领T恤等和长裤搭配。长裤可选择西裤、休闲裤等，不要选择如破洞牛仔裤这种过于休闲、随意的着装。衬衣、毛衫、夹克、带领T恤等要简洁，颜色种类不可太多，否则容易在上课时使学生分心。同样要注意的是，上衣、裤装和鞋袜的颜色搭配要协调，色系不可差距太大。鞋的颜色以黑色、褐色等深色为主，要勤打鞋油，擦亮皮鞋，保持鞋面光泽。袜子的颜色以深色为主。还要特别注意的是，不可穿拖鞋上课。总之，男性教师着装宜偏正式一些，给人以整洁、大方、得体的感觉。

3. 教师的配饰礼仪

女性教师的配饰包括：首饰、皮包、胸花、头饰等。首饰包括戒指、项链、耳环、手镯和手链等，建议只戴1～2种，否则会让学生在课堂上分心。皮包应朴素、大方、实用，避免盲目追求奢侈品牌。胸花一般佩戴在左胸位置，戴在从上往下数第一粒扣子和第二粒扣子之间。也可以根据服装设计要求和整体效果佩戴在肩部、前胸等位置。佩戴的胸花要高雅，要起到画龙点睛的作用，要同全身服装相协调。头饰应与发型相配，与整体服饰色彩相协调，与自身年龄、气质相符合。

男性教师在配饰的选择上要少很多，一般包括：领带、领夹、皮带、腕表等。西装、衬衫、领带三者要协调。打领带时，要将衬衫的领扣系好；不打领带时，领扣要打开。根据需要使用领带夹，将领带和衬衫一起夹紧，且应夹在适中的位置。如果要减少麻烦，可以选择已经打好、不必每次都需打领结的拉链领带。一般来说，黑色的皮带比较百搭，它能和任何颜色的衣服、裤子相配。皮带的宽窄要适度，3厘米左右比较适宜。腕表是男性教师的重要配饰，佩戴腕表能够体现男性教师时间观念强、作风严谨。男性教师可以选择金属手表或电子手表，颜色不宜过于艳丽，款式不宜花哨。

5.1.3　教师的仪态礼仪

在日常教学中，教师在仪态方面也要给学生树立榜样。教师仪态端庄，行为优雅，展现出良好的气质和精神面貌，会在无形之中影响学生，使学生成为注重仪态礼仪的人。在学校生活中，教师需要注意的仪态，包括站姿、坐姿和走姿。俗话说，"站如松，坐如钟，行如风"，教师平时要注重这三种仪态修养，提升自身气质，在举手投足间展现出教师的风采。

1. 教师的站姿礼仪

教师的站姿要给人以笔直挺拔、舒展大方、精力充沛的印象。教师上课时的良好站姿能使学生获得更好的听课效果，也有助于教师树立良好的形象。站姿的基本要求包括：①头正。头部正，头顶平，身体的重心要保持平衡。②梗颈。脖颈挺直，下颌微收。③展肩。双肩舒展，保持水平并稍微向后下方下沉。④挺胸。躯干要尽量舒展，给人以挺拔之感。⑤收腹。微微收紧腹部，但要保持呼吸自然。⑥提臀。臀部肌肉向内、向上收紧，重心有向上提的感觉。⑦平视。目光直视前方。⑧双腿直立。双腿要自然直立，不可抖动，不可随意地弯曲。⑨微笑。面带微笑，给人以感染力。

教室的前中央为教师讲课时站立的最佳位置。同时也要注意，教师不可站在同一个位置不变，可以根据课堂的具体情况走动，如维持班级纪律等情况。男教师在课堂教学时可采用自然式站姿，双脚基本平行，与肩同宽。女教师在课堂教学时可采用前进式站姿，两脚略呈丁字步，前后站立，距离适中，使相对静止的姿态优雅舒适。教师参加升国旗仪式等庄严活动时，要以严肃的态度对待，双腿直立紧贴，内侧肌肉夹紧，双膝和双脚靠紧，在仪式进行过程中身体不可乱动。

教师站姿礼仪要注意以下几点：①在学生回答问题时，教师的身体要适当前倾，以表示对学生回答问题的重视。②在擦黑板时，教师脚步要站稳，不可上身随着胳膊左右晃动。③忌站立时重心移动太快。如果教师在站立时重心忽左忽右，且移动太快，会给学生一种不稳重、信心不足的感觉。④忌双手抱胸在前或背在后面。这样的姿势会给人以傲慢、居高临下的感觉，会拉开和学生的距离。⑤忌手肘挂着讲台或身体靠着讲台。这样的姿势会给人以懒散、随意的感觉，会让学生感觉老师的上课态度不够端正或精气神不足。

2. 教师的坐姿礼仪

端庄优美的坐姿能体现人的稳重和自然，教师在学校的日常生活中要体现出良好的坐姿礼仪。良好的坐姿体现在头部、躯干、双手、腿部和身体朝向上。头部要端端正正，双目平视，面带微笑，下巴内收，不能出现仰头、低头、歪头、扭头等姿势。躯干要保持挺拔直立，腰部内收，不能塌腰放松呈瘫软状。椅子有扶手时，双手可以搭放或一搭一放。无扶手时，女士右手搭在左手上，可相交放于腹部或轻放于双腿之上；男士双手掌心向下，自然放于膝盖上。关于腿部，男士的膝盖可以分开，但不可超过肩宽，女士的膝盖不可以分开。关于身体朝向，在与他人交谈时，应将整个上身朝向对方，以表示重视和尊敬。

入座时，要注意先后顺序。请尊者、长者、地位高的人先入座，同事之间可同时入座。要先把椅子挪到适当位置之后再入座。如果坐在椅子上再移动位置，会发出刺耳的噪声，引人侧目。正式场合入座、离座要讲究"左进左出"，从左侧一方走向自己的座位，从左侧一方离开自己的座位。落座时要不慌不忙，悄然无声，不可给人以突然出现又突然坐下的感觉。离开座位时要稳重，不可猛地站起身，这样会惊吓到身边的人。在离开座位时，不可因碰到座位等原因发出噪声。

在不同的场合，教师的坐姿应符合以下礼仪：①在办公室工作时，胸部自然挺拔，立腰收腹。肩平，头正，眼睛和书案保持一尺左右距离。双臂自然扶在台面上。两膝盖靠拢或稍许分开，小腿垂直于地面。②在比较严肃的场合谈话时，适合正襟危坐。要求上身笔直，落座在椅子的中部，双手放在桌子上或将手放在扶手上。脚可以并拢，也可以并膝、稍分小腿，或并膝、小腿前后相错。③在办公室和学生谈话时，要身体微微前倾，眼睛注视学生，给学生受重视和受尊重的感觉。④倾听长者、尊者、地位较高者讲话时，上身要端正，坐在椅子的1/3至1/2，身体要前倾，给对方尊重、积极、重视的印象。⑤在轻松的场合，可以坐得相对自由、舒展。

教师在日常工作中要展现应有的坐姿礼仪，要避免以下坐姿：全身过于放松地坐在椅子上，甚至瘫软在椅子上；坐下后脚搭在桌子上；脚尖指向他人；与他人交谈时，坐得太深，完全靠在椅背上；双腿叉开过大，无论大腿还是小腿；腿部抖动；坐下后东张西望，摇头晃脑。

3. 教师的走姿礼仪

教师在课堂上的走动是必不可少的，女教师走姿优雅，男教师步伐稳健，会给人一种从容不迫的动态美。要从步姿、步位、步长、步速、步韵五个方面注意走姿礼仪：①步姿。在行走时，上身要稍微前倾，前臂自然前后摆动，两手自然弯曲，昂首、挺胸、收腹、提腰，保持上身不动，两肩不摇。男士昂首、闭口，平视前方，两臂自然摆动；女士要头正、目光平视，上身自然挺直、收腹，脚步干净利落。②步位。步位指脚落地时应放置的位置。男士在行走时，两脚跟尽量在两条平行线上，脚步稍向外展；女士行走时，两脚要保持在一条直线上，脚尖稍向外展，自腰至脚的移动都保持直线，不要左右摇摆。③步长。两步之间的距离以一步为宜，男士迈步时的步长要大于自己的一个脚长，女士着裙装时步长要小于自己的一个脚长。④步速。步速，即行走速度，应稳定、均匀，这样能够显示出成熟和自信。⑤步韵。步韵，即行走时的步伐有节奏感，富有韵律。在走路时，膝盖和脚踝部位要富有弹性，同时，脚步的强弱、轻重、快慢、幅度要和场合相适应。

在不同的场合，教师的走姿要符合以下礼仪：①走进教室时，脚步要稳健、从容，脸侧面向所有学生，面带微笑。如带有书籍等教学材料，女教师应左臂弯曲托于左前胸下方，男教师可以手臂垂直地将教学材料握于身体一侧，走到讲台后把东西放好。②在课堂上走动时，上身要挺直，目视学生。步伐要稳健，不可过快或过慢。步幅要适中，不可过大或过小。不可过于频繁，以免分散学生的注意力。③在办公室走动时，脚步要放轻，以免打扰同事工作。④走进会场、走向话筒、迎向宾客或学生家长时，步伐要稳健大方，面带笑容，热情有礼。

关于走姿需注意以下几点：走路时，要自然摆动双臂，前后摆动，幅度适中，不可左右摆动；保持身体挺直，不可左右摇摆，摇头晃肩；在课堂上，行走不可过频，否则会分散学生的注意力，影响教学效果；多人走路时，不可排成横排，阻碍道路；如遇前面道路被行人挡住，可加快脚步，绕行超越，不可跑步超越。

走姿的禁忌也要牢记：忌弯腰弓背；忌面无表情；忌东张西望；忌步子迈得过大或过小；忌敞开衣襟；忌拖着鞋走路；忌走路时吃东西或吸烟；忌课堂走动过急。

5.2 教师的语言礼仪

教师语言区别于其他职业的语言，具有自身的特点。教师在课堂上要讲究语言礼仪，这样才能将知识有效地传授给学生。同时，教师在与学生、同事、学生家长等不同对象交谈时，要注意相应的语言礼仪，以达到最佳沟通效果。

5.2.1 教师语言的特点

教师语言具有规范性、学术性、针对性、启发性和激励性的特点。

1. 教师语言应具有规范性

教师语言要合乎规范，讲普通话。教师要主动承担起推广普通话的责任，在课堂上讲普通话，用规范用语，并引导学生讲普通话。教师语言要受社会规范、法律法规的制约，课堂内外均不可讲与社会规范不符、与法律法规相悖的话。在传授知识时，要围绕课程内容有针对性地进行讲解，不可离题太远。

2. 教师语言应具有学术性

教师语言围绕所教课程展开，应在课堂上使用所教学科术语。如英语教师在课堂上会使用语音语调、定语从句、爆破音等专业术语，不能用不规范的语言来代替。不同的学术用语体现了不同学科的特点，教师的语言也有其相应学科的风格。

3. 教师语言应具有针对性

对于不同年级、不同学习基础、不同性别的学生，教师要根据其特点，有针对性地表达观点、传递信息，以达到最佳教育和教学效果。

4. 教师语言应具有启发性

教师在教学活动中，应针对课程的重点、难点，以及学生有疑惑的地方，用启发性的语言引导学生思考，拓展学生思路，使学生在思考中学习，在学习中思考。

5. 教师语言应具有激励性

教师在教育教学中要有意识地选择和运用富有激励性的语言，增强学生的学习信心和学习动力。恰当地运用激励性的语言，可以使学生具有前进的动力，帮助学生走向预期的教学目标。

5.2.2 教师课堂语言礼仪

教师在课堂上传授知识时，要讲普通话，吐字清楚、声音洪亮、语速适中、清晰表达，不可吐字不清、声音过大或过小，不可为了赶教学进度而不顾教学效果，一味地加快说话速度。

教师要使用礼貌用语。教师是课堂的第一责任人，在传授知识的同时，有责任在课堂上使用文明、礼貌的语言，起到积极的示范作用，在潜移默化中提升学生的综合素养。英语教师在课堂上用中英双语授课，要确保在课堂上使用的中英文都是文明用语，如"Read the first paragraph, please.""Well done!""Don't worry, just think about it.""请你回答一下这个问题。""不要着急，想好之后再回答。""回答得很好，请坐。"，不可用"You are stupid.""What? What's wrong with you?""怎么就你听不懂？""这种题都不会就别来上学了！"这样的用语。需要注意的是，教师的眼神、神态、举止等要和语言相符，如表扬时却面露不悦，这样会使说话的效果大打折扣。

教师虽然是课堂的主导者，但不能想说什么就说什么。首先要做到"六不谈"：①不非议党和政府。②不涉及国家机密和商业秘密。③不议论交往对象。④不谈论领导、同行和同事。⑤不涉及格调不高之事。⑥不谈论个人隐私。教师可以用轻松、幽默的语言调节课堂气氛，避免课程内容单调、枯燥，但要把握界限和尺度，不能将猎奇、道听途说的内容带到课堂。同时，还要注意以下课堂语言禁忌：忌一言堂；忌自我炫耀；忌挖苦谩骂；忌狭隘偏激；忌孤傲清高。

英语教师要特别注意自己在课堂上的内容表达，要结合英语学科特点，给学生以积极正面的引导。向学生传授英语知识，但不崇洋媚外；鼓励学生用英语进行对话交流，同时也教导学生不对来自英语世界的信息全盘接受；教学生利用英语学习先进的文化知识，也加强对英语信息的辨别能力，避免在纷繁的世界迷失自我。

5.2.3 教师与学生的交谈礼仪

教师与学生交谈时要以诚相待，不可一副居高临下的姿态，更不可训斥学生。就某一问题找学生专门谈话时，要事先作好准备，对于学生的相关情况要提前做好功课，做到心中有数。和学生保持一米左右的谈话距离，不可过近或过远。在谈话开始时，要主动和学生说明谈话的目的，让学生有心理准备。在交谈过程中，教师要真诚地和学生谈论问题，开诚布公地提出自己的看法和意见。同时，要让学生说出自己的想法，不要在整个谈话过程中只有教师自己在说。如果发现学生有所顾虑，要耐心劝导，让学生意识到师生对话的目的是帮助学生提升自我，解决问题。教师要善于倾听学生的话，在学生说话时不要无故打断，要善于引导，以最终解决问题。在谈话过程中，教师要注意自身的仪表，不要和上课时差距太大。

要特别注意，在谈话过程中，教师不能摆弄手机、跷二郎腿等，要平等待人，给学生以充分的尊重。如谈话内容是批评教育学生，教师要首先消除学生的畏惧心理，然后指出问题，提出中肯意见与建议。教师在谈话时表情既要严肃、认真，又要使学生感觉到这次谈话是为了帮助自己改正问题，而不是为了批评而批评。

用真诚、清晰的声音叫学生的名字，不要叫学生的绰号或外号，也不要对学生有过于亲密的称呼。如上课时忘记某位学生的姓名，可以按照位置来叫，如"第三排左边的同学"，并在下课时根据花名册确定学生的姓名，避免再次发生尴尬。遇到学生问好时，教师要及时回应，眼神也要跟上去，并可以微微点头示意。

5.2.4　教师与同事的交谈礼仪

和同事关系融洽、和谐，对于日常教学工作有积极的促进作用。和同事交谈时要遵循以下原则：尊重真诚、平等适度、谦虚谨慎。

1. 尊重真诚原则

和同事交谈，尊重是基础。要尊重同事不同的说话风格，尊重同事说话时的口音和俗语，不可以表现出嘲笑、不耐烦甚至挖苦和讽刺。说话不可天马行空，夸夸其谈，这会给人以浮夸，甚至不可信任的印象。用真心换取真心，真诚的态度在和同事交谈过程中至关重要。

2. 平等适度原则

和同事交谈时，不因对方的职位高低、家庭背景等因素对其刻意逢迎或冷眼相对。对人要怀有一颗平等之心，谈话时要有分寸，把握好尺度。既要彬彬有礼，又不能低三下四；既要沉稳持重，又不能圆滑世故；既要热情大方，又不能轻浮谄谀。

3. 谦虚谨慎原则

和同事谈话时要谦虚谨慎，抱着向对方学习的态度。当有同事表扬、称赞自己时，首先要展现出谦虚的态度，然后再大方地接受。当发现同事有错误需要纠正时，切不可当众指出，更不可横加指责，即使是善意的批评，也要以谨慎的态度私下告之。同时，有一些禁忌需要注意：忌不文明语言和口头禅；忌说话刻薄伤人；忌自吹自擂；忌飞短流长地议论别人；忌令人不快的言语方式。其中，令人不快的言语方式包括：在别人说话时插话；自己滔滔不绝讲个不停；别人说话时刻意进行纠正；交谈时不正视对方；强词夺理显示自己正确。

5.2.5　教师与学生家长的交谈礼仪

教师与家长的沟通有助于家长了解学生在学校的学习状况，也有助于教师了解影响学生学习的家庭因素。教师与家长的密切配合能够有效地针对学生特点进行教育教学，帮助学生提升自我，取得理想成绩。

如果学生在学业或其他方面出现问题，需要家长配合教师共同开展教育，教师可以邀请学生家长来校或者去学生家里家访。不管选择哪种方式，首先，要坚持家长便利的原则。邀请家长来校，要约定一个家长方便来学校的时间。去家访，要提前约时间，在学生家长方便的前提下，一般选择在节假日午后或平时的晚上，要错开吃饭和休息的时间。其次，要守时守约。

在与学生家长交谈时，要选择相对安静的环境。教师要主动创造轻松的谈话氛围，态度要友善，不可盛气凌人、居高临下，以发号施令的语气和家长谈话。教师要多倾听家长的意见，尊重家长的表述，在家长说完之后再提出自己的建议。教师要避免使用专业术语，应使用通俗易懂的语言与家长对话。如发现对方有不理解的地方，要耐心细致地解释说明。在谈论学生的缺点时，教师要给出中肯意见，不可对学生的缺点挖苦、讽刺，要对学生作出全面、客观的评价。如发现有的家长把学生的缺点看作对自己的批评，教师要作好解释说明，使家长能够全面了解学生的优点和缺点，并探讨出相应的对策。教师和家长应共同努力，使学生改正缺点获得进步。

教师同家长谈话的声音大小、两人间的距离都要适度，保证家长能够听清。谈论学生的在校情况时，要具体介绍，举出实例，让家长对学生的在校情况有直观、形象的了解，不可笼统说明，一带而过。在交谈的最后，对此次双方的谈话内容作适当总结，让家长理解家庭教育和学校教育相结合的必要性，以便共同掌握学生的学习和心理状态，帮助学生取得进步。

5.3　教师的会议礼仪

教师在日常工作中参加工作会议、家长会和外事会议时，要认真对待，注意会议的主题以及相关礼仪要求，体现教师的良好形象。

5.3.1　工作会议礼仪

教师除了平时的教学活动之外，还要参加工作会议，要认真对待，衣着得体、面容整洁、行为规范，提前 5～10 分钟进入会场，并携带专门的会议笔记本来记录重要的会议内容。如会议要求签到，参会者应排队签到，不在签到簿或打卡机附近围成一团。如有座次图，则按照座次要求入座。入座后，将手机等通信设备关机或调成静音，以免在开会过程中铃声响起干扰会议。会议开始后，除了会议发放的资料外，不要翻动或摆弄任何与会议无关的物品。开会期间应该认真听讲，不可交头接耳、随意走动，更不可提前离场。在他人发言时，重点内容要记在笔记本上，不可随意插话打断；他人发言结束后，要礼貌性鼓掌，若有不同意见，建议在会后私下提出。

如教师需要在工作会议上发言，建议在会议前准备好发言内容。发言时，声音洪亮，语言正式，不可全程看稿，要和全场听众有目光交流，传递信息要准确、务实，拿不准的内容不在会议上说。发言的内容以要传递的信息为主，不跑题，不在不相干的话题上滔滔不绝，不对他人进行人身攻击。发言后如有提问，则需针对问题认真回答。如果问题不能马上解答，则需说明情况，在会议后找时间进行解答。会议结束后，要有序离场，将椅子抬起放回原处，避免和地面摩擦发出噪声。将水瓶、纸张等物品带离会场，保持会场的整洁。

5.3.2　家长会礼仪

家长会是学校、教师、家长三方直接沟通交流的平台。定期召开家长会能够及时地将学生的学习成绩和思想状态反馈给家长。家长和教师面对面交流教育经验，商讨教育对策，共同努力帮助学生取得进步。在举办家长会前，教师应以电话、微信或书面等形式向家长发出邀请，告知家长会的时间和主题，一定要避免和学生说"明天让你家长来参加家长会"这样的话。在家长会召开的前一天，应组织学生打扫教室，在窗台摆放花盆，在黑板上书写如"欢迎参加 ××× 班家长会"的标语，以整洁、温馨的氛围迎接家长的到来。同时，教师可以将班级的相关资料整理成册，将班级平时活动的照片分类整理，将学生的优秀作业、手工作品等放在教室，使家长从另一个侧面多了解学生在学校的表现。

教师要对家长会的主题内容充分准备，着装整洁、大方、得体，向家长展现教师良好的精神面貌，给家长留下好的印象。家长会开场时，教师要表达对家长的欢迎，强调家长和教师交流的重要性。同时，教师语言要亲切自然，以缩短教师与家长的心理距离。然后，教师应对班级的整体状况，如学生成绩、思想状态、参加班级活动等各方面情况向家长一一汇报说明。在说明这些情况时，教师要基于事实，客观表达，不应刻意美化或丑化。教师在家长面前不可居高临下、颐指气使，要摆正自身位置，以礼相待，明确教师和家长是平等的教育伙伴的关系。

教师在家长会上不能一言堂，要专门留出时间让家长发言。家长发言时，教师要认真倾听，不可心不在焉，重要内容要认真记录下来。同时，教师要鼓励尽可能多的家长发言，交流教育经验与教育方法。对于成绩较差或其他方面需要家长进行管理的学生，不能在家长会上当面指出，要在散会后私下交流，提出中肯意见和建议。家长会结束之后，教师要主动询问家长的反馈并认真记录、及时回复、耐心讲解，以获得家长的理解和信任。

5.3.3　外事会议礼仪

中外教育交流日益频繁，常有外宾来参观、访问，相关部门会根据需要举办外事会议。教师参加外事会议时，首先，应遵守外事会议礼仪，展现我国教师的良好形象。须知教师的个人形象代表了教育群体的形象，甚至国家的形象。教师要注意着装整洁、大方，宜穿着正式的套裙或套装，如会议组织部门对着装有针对性要求，则应按照具体要求进行。其次，遵守会议约定俗成的规定或针对某个会议的具体要求。约定俗成的规定包括准确掌握会议的时间、地点，不可迟到或早退等。针对会议的具体要求则包括会议主办方为了保持会议顺利进行而针对会议主题、会议流程等所作的特殊要求。

和外宾交谈时，要谦逊有礼、不卑不亢。会议开始前英语教师可以与外宾寒暄几句，适当活跃会场气氛。在交谈时要使用较正式的语言，避免使用俚语等。可以问候对方是否适应气候、饮食，也可以就会议相关话题展开交谈，为会议正式开始作准备。在问候对方时，注意问候的次序。在双方见面时，应由身份较低的一方问候身份较高的一方。如需同时问候许多人，可以按照由尊开始或由远及近的原则进行。问候时要主动热情，面带笑容，注视对方眼睛，声音洪亮、吐字清楚、发音清晰。

在外事会议中要注意座次，不可随意入座。主宾居中，主人居右，记录员和翻译员坐在主宾和主人后面，客方随员依次在主宾一侧就座，主方随员依次在主人一侧就座。在外事会议前要对发言内容作精心准备，以流利的语言进行发言。要严格遵守会议规定的发言时间，不可超时。要按照预定发言内容进行，不可在发言过程中临时起意，随意增加与会议主题无关的内容。在自己不发言时，要认真倾听会议内容，对重点内容进行记录。遇到外宾提问时，要耐心细致解答，如需进一步解答可告知对方在会后进行。当外宾谈起我方不熟悉的话题时，要认真倾听、虚心请教。会议中应全程关闭手机或把手机调成静音，不可让手机铃声干扰会议的进行。同时需要注意，只有在会议的开幕式、闭幕式、发言开始、发言结束、嘉宾登台、嘉宾下场、发言内容鼓舞人心时才可以鼓掌。在鼓掌时，要目视发言者，面带真诚，不可心不在焉、敷衍了事。

由于国情不同以及意识形态的差异，我们和外宾对同一问题的看法可能会大不相同，对此应采取包容态度。对于国内的重大问题和重要事件，在会前我方要统一立场、统一口径，对于非重大问题和非重要事件可以各抒己见。如个别外宾的观点同我国的基本政策、基本国情等严重相左，甚至观点带有攻击性时，不可曲意逢迎、听之任之，要有理有据地予以驳斥。在交谈时，要严守国家或单位的机密，要有保密意识。

在会议结束时，要待主持人宣布会议结束后，有序离场，不可不管不顾径直走出会场，同时要注意保持会场的卫生。如有会后合影等环节，要听从会议主办方安排。

5.4 求职礼仪

掌握良好的求职礼仪有助于给招聘方留下好的印象，增进双方的了解，提升求职成功的概率。求职者要注重求职前的准备阶段，在面试过程中和面试后要体现出应有的礼仪，以获得招聘方认可。

5.4.1 求职前的准备

在求职前，应树立正确的求职观念。近些年，就业压力大，同时，在国家"稳就业"的政策下，学校、企业等也在相应地增加针对毕业生的招聘人数。英语师范专业学生要对就业形势挑战与机遇并存的现状有所了解，同时结合自身所处的现实环境，树立正确的求职观。

求职前要广泛收集就业信息。要关注权威渠道，如各级各类官方网站发布的就业信息；同时要关注学校层面，如学校官网、班主任、辅导员和任课老师发布的就业信息，并发动周围亲戚、朋友提供尽可能多的就业信息。根据这些就业信息，结合自己所学专业、用人单位要求和本人就业意愿，筛选适合自己的职位。注意招聘单位对于专业、政治面貌、年龄、是否只招应届生的限制，认真阅读招聘要求。

了解招聘单位信息。在确定好自己要应聘的职位后，要进一步了解用人单位信息，这可以有效避免面试中对应聘单位一问三不知的情况。如即将应聘的这所学校何时建立、学校的特色是什么、规模如何、师资情况如何、在同类学校中的排名如何。可以通过官方网站、新闻报道等了解招聘单位信息，如条件允许，可实地进行考察。

准备求职简历。求职简历是传递求职者信息的重要载体，它如同浓缩的广告，在有限的篇幅内将求职者的关键信息向招聘者展示出来。在整体设计上，简历要简洁、重点突出，容易让招聘者找到重点信息。可选用完全表格形式的简历，这样的简历易于阅读，而且适合缺乏工作经历的大学生。在简历中可以列举大学时所获奖励、拥有的资格证书、实习证明、实习单位评价等，如成绩优异，可将大学四年的成绩单和排名作为附件放在简历后面。应聘时，可重点突出和教学相关的经历与获得的证书，如在某学校实习的经历、实习学校、指导教师的评价、累积的教学时间、获得的教师资格证、英语专业四级、八级证书等，给招聘人员留下专业、随时可以上岗的良好印象。需要注意的是，一定不能出现拼写和打印错误，否则，在还没和招聘者见面的情况下，就给对方留下了不好的印象。

准备合适的服装。要准备正式、合体的服装。男生推荐西服套装，女生推荐套裙或套装，具体的穿着要求可以参考 5.1.2 教师的着装礼仪。

5.4.2 面试过程中的礼仪

在面试过程中,求职者要表现出应有的礼仪,给对方留下良好印象,增加被录取的可能性。

面试者要遵守面试时间。记牢入场时间,把路上倒车、堵车等情况考虑在内,提前半小时以上到达面试地点。这样既表现出求职的诚意,又留给自己充分的时间调整紧张的情绪。如果发生迟到或者匆忙赶到面试地点的情况,不仅会给面试官留下不好的印象,也会使自己情绪紧张,影响面试发挥。在听到叫自己的名字入场面试时,要自然地走进面试场地。如果门是关着的,要以适中的力度敲门,得到允许后再进入。面对面试官时,要鞠躬问好,主动通报姓名或面试编号,得到允许后再坐下,不可进场后未经允许直接坐下。坐下后,身体挺直,双手自然放在膝盖上,微笑面对面试官。

回答问题时要真诚地注视面试官,用清晰、洪亮的声音回答问题,不可东张西望、心不在焉。面试官问完问题之后,可以先考虑5~10秒钟再作回答。回答问题的语速不宜过快或过慢,可以分点或分条回答,保证严谨性。如要求进行自我介绍或评价时,要重点突出、分寸得当,注意重点内容一定要围绕应聘的岗位展开,让面试官知道你是适合这个岗位的人选。同时需注意,不可夸大其词,也不可自我贬低,要给面试官留下踏实、可信的印象。

在面试时遇到较难回答的问题时,不可默不作声,也不可不懂装懂地胡乱回答,可以就自己了解的部分作简要回答。发现自己在面试中说错了话时要镇定,要坦诚地纠正自己的错误,不可将错就错地说下去,可以说:"对不起,我刚才因为紧张讲错了,不是……而是……。"

面试中有以下三个禁忌:第一,忌急问工资报酬。在双方有初步意向签约时,问工资报酬无可厚非,但如果对方还需要考虑是否录用你时,就提出工资报酬的问题,会显得操之过急。第二,忌急报有熟人。不能在面试过程中对面试官说:"你们单位的×××我很熟。"这种套近乎、刻意拉近距离的话会让面试官很反感。第三,忌本末倒置地提问。如果在最后,面试官说"有没有想问的问题?",面试者却反问"你们单位都有哪些创收渠道?"这样的问题,说明面试者没有摆正自身的位置,提出的问题超出了应聘岗位本身,既使面试官很难作出回答,又给面试官留下了非常不好的印象。

此外,面试中要避免以下十种易犯错误:①小动作不断。②一边谈话,一边玩弄东西。③交叉跷脚的坐姿。④面容紧张或面无表情。⑤拨弄头发。⑥支支吾吾地小声说话。⑦眼神飘忽不定。⑧夸张的肢体动作。⑨手提袋子或书包进场。⑩不停看手表。

5.4.3 面试后的礼仪

在面试官宣布面试结束后,要起立向面试官致谢、道别。同时,将椅子扶正,拿好自己的物品,轻轻地带上房门。

面试结束后，在接到正式面试结果通知前，可通过电话或电子邮件的方式向主面试官表示感谢。这样不仅是出于礼貌也是为自己争取机会。电话或电子邮件的主要内容是感谢面试方提供面试的机会，同时表示对应聘岗位有极大的兴趣，希望在今后能够为面试单位贡献一份力量。如打电话，时间宜控制在 3 分钟左右；如发电子邮件，字数要控制在 100～200 字。在打电话时，要避开午休、刚上班、快下班时间，称呼要用尊称，音量适中、思路清晰，挂电话时要等对方先挂，然后自己再挂。写电子邮件要用正式的写信格式，同样，称呼要用尊称，内容简洁、语体正式、观点表达清楚。

在获知面试结果后，如被录用可打电话或发邮件对主面试官表示感谢。如未被录用，也可打电话或发邮件给主面试官，说明虽然没有被录用，但是获得了宝贵的面试经验，并虚心请教哪里有欠缺，以便在今后改正。这样会给主面试官留下好的印象，今后如果有职位的空缺也会首先想到你。

章节思考题

1. 良好的教师形象对学生有哪些积极影响？
2. 在面对同事和学生家长时，教师语言礼仪的侧重点有哪些不同？
3. 在开家长会时，教师如何主导家长会的进程？
4. 在求职过程中，最需要注意的面试礼仪有哪些？

参考文献

[1] 张常平.教师礼仪[M].南昌：江西高校出版社，2012：46，53，69，128-134.

[2] 刘佳宁，孙建伟，赵静.社交礼仪[M].石家庄：河北美术出版社，2015：42，53.

[3] 刘维俭，王传金.现代教师礼仪教程[M].南京：南京师范大学出版社，2006：55，74-76.

[4] 佚名.教师礼仪[M].北京：新华出版社，2006：21，80-81，167-169，215-226.

[5] 谢善琼，曲桂蓉.现代礼仪规范教程[M].成都：四川大学出版社，2015：48-51.

[6] 陈郁，尹青骊.服装服饰礼仪[M].北京：中国轻工业出版社，2006：71，74，76.

[7] 刘素梅.教师礼仪素养[M].长春：东北师范大学出版社，2010：47，118，185-187.

[8] 李建峰，董媛.社交礼仪实务[M].4 版.北京：北京理工大学出版社，2018：30-33，50-59，90-95，180-194.

[9] 兰希高.教师礼仪修养[M].南昌：江西高校出版社，2008：34-45，172-174.

[10] 佚名. 礼仪规范教程 [M]. 成都：电子科技大学出版社，2020：78-88，102，121.

[11] 张国斌. 外交官说礼仪 [M]. 北京：华文出版社，2009：22.

[12] 李振丽. 天合教育特岗教师招聘考试专用系列教材：面试 (中小学通用版)[M]. 北京：中国经济出版社，2011：8-21，28-34.

[13] 王小梅，刘中杰. 教师招聘与教师资格面试一本通 [M]. 银川：宁夏人民教育出版社，2017：6-14.

第 6 章
英语师范生毕业论文写作规范

本章将介绍英语师范生毕业论文的写作规范和相关要求,包括毕业论文写作的必要性和意义、毕业论文的构成和基本要求,以及从选题与资料收集到毕业论文答辩各个环节的注意事项。

6.1 毕业论文概述

英语师范专业本科毕业论文具有学术论文的基本特征，是为获得学士学位而撰写的学术论文。在英语中，thesis 既可以指硕士学位论文，也可以指学士学位论文；dissertation 一般用来指博士学位论文；在英国和澳大利亚等国家，thesis 也用于指博士学位论文，dissertation 指硕士学位论文；academic paper 是学术论文，包括学位论文和研究性论文 (research articles)；学生平时提交的课程论文是 course paper，学期论文是 term paper。

毕业论文由指导教师和学生共同完成。导师负责对学生进行毕业论文写作的指导和基础性训练，帮助学生掌握学术论文写作的基本方法，培养其学术研究素养，进行创新能力的训练。本科毕业论文一般要经过选题、开题、资料收集、论文写作、修改、定稿、查重、答辩等几个阶段。

6.1.1 毕业论文写作的必要性和意义

毕业论文写作属于实践环节，是英语师范专业教学计划中的重要组成部分。毕业论文最基本的作用是评价学生的学业成绩，为学生取得学士学位提供依据。

(1) 毕业论文写作需要学生综合运用大学四年所学的各种专业知识，是对学生包括专业技能在内的综合技能的全面考核。

(2) 毕业论文写作有助于培养学生发现问题、分析问题和解决问题的能力。

(3) 毕业论文写作有助于培养学生的思辨能力。传统的英语师范专业教学非常重视专业技能的培养和专业知识的传授，对学生思辨能力的培养不足。学生在撰写毕业论文时，要分析收集到的材料，理解和吸收与论文有关的理论知识，思考如何把这些理论知识运用到论证中，考虑如何确保论文条理清楚、层次分明等。这些都有助于学生形成严谨的逻辑思维，提高他们的思辨能力。

(4) 毕业论文写作有助于培养学生的初步科研能力。要完成毕业论文，学生要学会基本的科研方法，包括检索和收集文献，整理和研究文献，发放、回收调查问卷，分析数据等。这将为他们进一步深造和工作后从事科研工作打下基础。

(5) 英语师范专业学生在撰写毕业论文时，要综合运用在校期间学到的教育教学理论、英语师范专业知识和其他相关知识，这将加深他们对中小学英语教学的认识和了解，为今后从事中小学教学工作夯实基础。

6.1.2 毕业论文的构成和基本要求

1. 毕业论文的构成

英语师范专业本科毕业论文一般由三个部分组成：前置部分、正文和后置部分。前置部分由封面、诚信承诺、致谢、英文摘要与关键词、中文摘要与关键词、目录等部分构成。正文包括引言、主体和结论三部分。后置部分包括引文、注释、参考文献和附录等。并非所有的毕业论文都要包括这些构成要素，不同学校会根据本校实际情况确定相关要求。

2. 毕业论文的基本要求

英语师范专业毕业论文除了要具有学术性、创新性、规范性、理论性等基本特征外，还要符合下列基本要求。

(1) 英语师范专业毕业论文原则上要用英语撰写。

(2) 毕业论文的选题必须与本专业相关。例如，"任务型教学法在中学英语阅读教学中的应用"这个选题就非常符合英语师范专业要求，而"生态女性主义视域下的《洪水之年》""译者主体性在影视翻译中的体现"等更适合作为非师范英语专业的毕业论文选题。

(3) 毕业论文的篇幅不宜过长或过短，特别是要避免篇幅不够，一般要求在3000～5000个单词。

(4) 毕业论文必须是本人撰写，不得抄袭。不能将中文文献翻译成英语后作为自己的毕业论文，也不能把毕业论文写成文献综述。

(5) 英语师范专业毕业论文主要针对国内的中小学英语教学开展研究，其中应用型研究因大力提倡而占较大比例；不能选取大学本科英语教学、研究生英语教学等选题。

6.2 选题、资料收集与分析

选题是毕业论文撰写的第一个环节，选题的好坏将极大影响毕业论文的质量高低，甚至决定毕业论文是否能顺利完成。确定论文选题后，就要围绕选题收集与分析资料。实际上，资料收集与分析贯穿毕业论文撰写全过程。

6.2.1 选题原则

(1) 毕业论文选题要充分体现专业人才培养目标的要求，根据所学专业确立选题。原则上不得跨专业选题，但是鼓励学科交叉融合。

(2) 毕业论文选题要有一定的研究价值和现实意义，具备一定的开拓性和创新性，还应有一定的深度与广度，难度与分量适宜，做到一人一题。

(3) 英语师范专业本科学生的毕业论文选题原则上选取中小学英语教学方向，且提倡以应用型研究为主。

6.2.2 选题范围

英语师范专业毕业论文的选题范围主要包括三个类型：英语教学方法论研究、英语教学理论研究、其他相关研究。

英语教学方法论研究主要涉及教学流派和教学方法的研究，包括认知法、意念—功能教学法、情境教学法、交际教学法、传统语法教学法(语法—翻译法)、交际—语法教学法等。

英语教学理论研究主要包括第二语言习得理论、行为主义、行为理论、结构主义、社会语言学、心理语言学、跨文化交际理论、系统功能语法等方面的研究。

其他相关研究，如听、说、读、写等教学环节的研究，也是重要的选题来源，这类选题与教学实际联系比较紧密，比如"如何运用任务型教学法培养中学生的英语阅读能力"就属于此类选题。

6.2.3 资料收集与分析

1. 资料收集

在资料收集阶段，指导教师会对学生进行收集资料、整理资料等方面的指导，向学生推荐参考书目。根据毕业论文的实际需要，学生可以采用文献法、观察法、问卷法及推理计算、科学实验等方法获取论文所需要的事实材料、数据及设计参数等，并进行适当的加工整理。

网络的发展为迅速获取大量资源和信息提供了便利，但大众媒体的开放性也意味着其提供的信息和材料没有经过严格审核，内容的准确性和严谨度都无法得到保证。毕业论文是严谨的学术论文，需要可靠的理论依据、学术资料和数据支撑。因此，撰写毕业论文前，要通过正规的途径获取所需的资料和数据。[①]

高校图书馆、中国国家图书馆·中国国家数字图书馆、省市图书馆等都馆藏了大量的书籍和学术期刊，一般还馆藏有学术专著等外文文献。在图书馆的官网上检索相关文献信息后，即可入馆借阅。此外，这些图书馆还会购买各类数据库，读者可以在馆下载电子资源。高校图书馆一般也会限定在学校 IP 范围内下载这些电子资源，为方便本校老师

---

① 张霖欣. 英语专业毕业(学术)论文写作教程 [M]. 修订版. 北京：外语教学与研究出版社，2016：30.

和学生，学校也会提供远程下载服务。上述图书馆还提供文献传递服务，当然文献传递服务会收取一定的费用，毕业生可以委托这些图书馆提供自己无法获取的文献。

文献资料的常见载体有专著、教材、词典、百科全书、期刊、数据库、报纸、会议论文集等。其中，学术期刊是当今学术研究的主要信息来源。

随着网络技术的发展，数据库和在线图书馆在学术研究中发挥了越来越重要的作用。同时，英文报纸除了刊登世界各地的新闻外，往往还设立专栏围绕某一主题刊载文章，其中涉及教育教学的文章也有一定的参考价值。

2. 资料分析

收集来的文献资料，可以先根据标题进行初步分类。在此基础上，对于专著、教材、学术会议论文集等，建议先浏览前言和目录，大概了解全书内容，以便确定需要略读、通读和研读的内容。对于学术论文，可以先浏览它的题目和章节标题，再确定需要略读、通读和研读的内容。

一般来说，知名出版社出版的书籍、著名专家和学者撰写的书籍和论文、在国内外知名期刊上发表的学术论文更有参考价值，值得仔细研读。

6.3 开题报告的撰写

开题报告是学生以书面形式向学院教学指导委员会汇报自己的选题情况，然后，学院教学指导委员会对选题进行评议，决定是否批准该选题，并向学生反馈审核意见。

6.3.1 撰写开题报告的意义和注意事项

开题报告能够帮助学生梳理选题目的和意义、研究现状、论文的主要内容和结构、研究重点和难点、研究的创新点、研究方法、研究现状等，发现自己在正式开始论文写作前存在的问题，为下一步撰写论文作准备。此外，指导教师和学院教学指导委员会提出意见和建议也有助于学生进一步明确思路，弥补前期准备阶段的不足。

在撰写开题报告前，学生应根据指导教师的要求广泛收集并阅读与毕业论文相关的文献资料，了解学术界对课题的研究程度，避免低水平重复工作及侵犯他人的知识产权。学生在指导教师的指导下，确定论文写作提纲、设计思路、研究重点与难点，同时确定论文的研究方法。

开题报告一般要求在毕业论文工作开始后的前四周内完成，必须经学院教学指导委员会审查。开题报告不合格或没有做开题报告的学生须重做或补做，审查合格后方能开始写论文，否则不允许参加答辩。开题报告通过后，原则上不能更换论文题目或指导教师。

尽管英语师范专业毕业论文一般要求用英语写作，但为了更加清楚明白地阐述开题报告的内容，建议用中文撰写开题报告。

6.3.2 开题报告的结构

与硕士和博士的开题报告不同，英语师范专业本科毕业论文开题报告只包含最重要的基本内容即可，一般由毕业论文题目、选题目的和意义、文献综述、参考文献、论文的主要观点和提纲、研究方法格思路、研究重点与难点等组成。

1. 毕业论文题目

毕业论文题目要简洁明了、规范准确，一般不超过 10 个英文实词或 20 个汉字。开题报告中的毕业论文题目采取中英文对照的方式，一般中文在前，英文在后。

2. 选题目的和意义

毕业论文选题目的是指要解决什么问题，解决这些问题能够带来什么样的成果。论文选题意义包括理论意义和实践意义，理论意义指的是对前人研究的拓展和深化，实践意义指的是对当前工作的指导作用。①

3. 文献综述

在文献综述中，要综合评价前人对相关课题研究的深度、广度和已经取得的成果，以便发现研究不够深入的领域或研究空白，从而证明本选题所要进行的研究具有创新性，而不是凭空想象出来的，更不是重复已有的研究。

4. 参考文献

开题报告中的参考文献一般是文献综述中所引用和提及的文献。参考文献的格式要与毕业论文正文后的参考文献格式保持一致。参考文献的来源要权威可靠，要与选题直接相关，无关或关系不大的文献不必列入。

5. 论文的主要观点和提纲

论文的主要观点是指论文的核心观点和将要得出的结论。开题报告中的论文提纲不必像毕业论文目录那样详细，只需呈现论文的基本框架。

6. 研究方法和思路

英语师范专业本科毕业论文常见的研究方法有文献研究法、比较研究法、案例研究法、个案分析法、问卷调查法、定性与定量相结合的研究方法等，要根据选题的性质和内容选择合适的研究方法。在撰写过程中，往往是多种研究方法的综合运用。当然，在

---

① 王秀红，芮艳芳. 英语毕业论文实用指导 [M]. 北京：电子工业出版社，2015：20.

不同的研究阶段和针对特定的问题时，会采用不同的研究方法。

7. 研究重点与难点

在开题报告中明确研究的重点，目的就是确保论文写作时不发生偏离。研究的难点会因人而异，有人觉得文献综述部分最难，有人则觉得数据分析，特别是用软件进行数据分析最难。

6.4　封面、诚信承诺、致谢、摘要和目录

封面、诚信承诺、致谢、摘要和目录是毕业论文的重要组成部分，一般是在毕业论文的正文定稿后才开始撰写。

6.4.1　封面

论文的封面一般包括论文题目、学生姓名、指导教师姓名、院系和学校名称、论文完成时间等。

6.4.2　诚信承诺

诚信承诺是论文作者声明论文是自己在导师的指导下独立完成的，没有抄袭和剽窃行为，所有参考的他人成果均在论文中作了标注。多数院校的诚信承诺都有固定的内容与格式，学生只需签名和填写时间。

6.4.3　致谢

致谢是论文作者以书面形式对帮助自己完成论文的相关人士表示谢意。致谢的对象一般是论文导师、其他老师、同学、家人等，要有主次之分，按照致谢对象帮助自己的程度排序。另外，还要遵循个体在前，集体在后的原则。致谢要真挚、简洁，避免使用过度情感化的语言，但也不要敷衍了事。致谢的对象仅限于在论文撰写过程中鼓励和帮助自己的人，范围不要随意扩大。① 英语专业本科毕业论文中的致谢一般不超过一页。

6.4.4　摘要

摘要是论文的内容不加注释和评论的简短陈述，具有独立性和自含性，应说明与论

---

① 穆诗雄. 英语专业毕业论文写作 [M]. 2 版. 北京：外语教学与研究出版社，2012：44.

文直接相关的主要实验方法、结果、结论等。摘要是正文叙述内容的高度概括，突出正文的重点，是正文实质性内容的介绍，是创新内容、自己所设计内容及取得成果的高度概括。

近年来，有学者提出了研究论文的摘要一般包括五个层次：①介绍研究背景；②提出研究主旨；③研究方法、研究流程；④结论/发现；⑤启示、下一步研究建议。并非所有的论文都要包括上述五个层次，学生应根据自己的专业和论文选题确定论文摘要的结构。

6.4.5 目录

目录的作用是清楚地呈现论文的框架结构，目录的标题一般采用名词或名词短语的形式，不能用完整的句子。目录一般写至二级标题，如内容较多，也可写至三级标题。封面、诚信承诺、致谢、摘要等不用列入目录。

6.5 正文的撰写

毕业论文的正文包括引言(绪言)、主体、结论(结语)三部分，是论文最重要的部分。英语师范专业毕业论文的正文字数一般要求3000～5000个英文单词。引言、主体、结论在形式上自成一体，在论文中承担不同的任务，同时，这三个部分又构成一个有机的整体。

6.5.1 引言

引言(introduction)应简要说明研究主题、研究背景、研究目的和意义、研究现状(前人所做的相关研究)、研究设想、研究方法等。引言要言简意赅，不能与摘要雷同。在本科教科书中已有的知识和理论在引言中不宜出现。

论文的引言并没有固定的模式，下面介绍一种常见的结构。

(1) 论文的研究主题、研究背景、研究意义。

(2) 简要的文献综述，也就是介绍前人所做的相关研究。撰写此部分内容时，可以参考开题报告中的文献综述。

(3) 指出前人研究的不足之处、研究空白，说明自己研究的创新点(提出自己的观点)。

(4) 本论文的研究目的、研究方法。

(5) 论文的基本框架，每个部分的主要内容。

6.5.2 主体

论文主体要按照开题阶段确定的论文提纲撰写，以免出现结构失衡甚至跑题的现象。但是，在撰写论文主体的过程中，可能会有新的想法，或者发现原来拟定的提纲有不完善之处。因此，不要完全拘泥于开题阶段确定的论文提纲，而应根据实际需要适时调整。

撰写论文主体时要考虑很多因素。首先要处理好论点、论据和论证的关系。还要考虑时态、语体、用词和句型的多样化等语言问题，以及标题、注释、引语等的格式问题。论文主体内容必须实事求是、客观真切、准确完备、合乎逻辑、层次分明、语言流畅、结构严谨、书写工整，符合学科、专业的有关要求。

6.5.3 结论

与论文主体相比，结论所占篇幅不多，却是论文中最难写的部分。结论的主要作用是总结论文的主要观点和结论，强调论文的创新之处，也可在结论的讨论中提出本研究的不足之处和尚待解决的问题，并对未来研究提出建议等。

结论应当准确、完整、精练，不能写成感想、心得，要写通过对所论述内容的分析得出的结论。结论不是对论文正文内容的简单重复，不能原封不动地照搬引言和正文里的原话，而应重申论文主要观点。

6.6 引文、注释和参考文献

毕业论文中往往要借鉴前人的研究成果，引用他人的理论、观点、概念、数据等。为了表示对他人成果的尊重，避免构成剽窃，就要在论文中标注这些引用的出处。在毕业论文的最后还要列出撰写论文时所参考的文献。如果论文有附录，参考文献一般列在附录前。

文献的引用和标注推荐两种形式："正文中注释 + 正文后参考文献"或"括号内标注 + 正文后参考文献"。

6.6.1 引文

在论文中引用的文献资料包括专著、学术期刊论文、工具书、学位论文、电子文献、网络文献等，引用时主要有三种形式：直接引用、间接引用、直接引用和间接引用相结合。下面仅简要介绍前两种。

1. 直接引用

直接引用就是原封不动地照搬原文语句。直接引用的原文不宜过长，最好用于毕业论文最需要的核心内容，必要时，可以用省略号将不必引用的部分略去。较长的引文应该单独列出，较短的则一般直接插入论文正文中。

2. 间接引用

间接引用是用自己的语言将他人的观点和信息传达出来，是比直接引用更常用的引用方式，引用时要避免遗漏和歪曲原文信息。

6.6.2 注释

正文内的注释分为脚注、尾注和夹注三种，可以提供引文出处，便于读者检索和阅读相关文献，也可以对引文中的相关概念、背景作进一步解释说明。

脚注置于页面最底端，对引文进行说明。按页编排，也就是说，另起一页时脚注的序号重新从 1 开始编排。脚注的序号和正文序号要保持一致。

尾注是指在论文最后(如果论文有附录，则放在附录之前)将全部注释按照其在正文中出现的顺序进行罗列。

夹注应紧跟被注文字，在正文中用圆括号作标注。

6.6.3 参考文献

在论文的最后要列出撰写过程中参考过的文献。参考文献的格式要统一，不能混用。同时，参考文献最好独立成页。

6.7 毕业论文的修改、排版和打印

修改毕业论文是撰写毕业论文的一个重要环节，是对毕业论文的二次创作过程，通常从以下四个方面进行：第一，补充论文内容，如补充论据、增加小标题等；第二，删减论文内容，如删减与论点无关的内容以及啰唆重复的套话等；第三，修改错误和不当之处，如语法和拼写错误，修改不符合规范的格式；第四，润色论文初稿的语言。

6.7.1 毕业论文的修改程序

初稿完成后，就要对论文进行检查，以便了解哪些地方需要修改。毕业论文的修改，可以按照下列需要重新审视的问题及其顺序进行：

(1) 毕业论文题目是否与内容相符？

(2) 论点是否鲜明准确？

(3) 论据与论点是否高度统一？论据是否有说服力？

(4) 结构是否合理？层次是否分明？

(5) 阐释论点时是否紧扣主题？分析论据与论点之间的内在联系时，是否存在"脱节"现象？进行逻辑推理时，是否保持前后一致？

(6) 语言风格是否合适？是否有口语化的表达？

(7) 是否存在语法错误，如主谓不一致、时态、语态、名词单复数等问题？

(8) 论文格式是否符合规范？

(9) 论文体例是否统一？

(10) 论文的论点和结论是否一致？

6.7.2 毕业论文修改注意事项

首先要对修改毕业论文的重要性有充分的认识。毕业论文的修改不是一蹴而就的，而是需要多次修改，逐步完善。

修改毕业论文要由毕业生自己完成，导师的任务是提出修改意见，指导学生修改论文。学生要重视导师提出的修改意见，认真落实，但这也并不意味着导师提出的每一条意见和建议都要无条件接受。如果对导师的建议有不同看法，应大胆提出，说明自己的理由，和导师共同确定是否需要修改。

论文的修改要分步骤进行。首先，要确定论文的中心论题是否科学、论据和论点是否高度统一、论文的结构和框架是否合理、论点和结论是否一致等，并对存在的问题逐个修改。其次，可以修改语言表达层面的问题，例如语法错误、语用问题、文体风格等。最后，重点解决论文格式、体例等方面的问题。

6.7.3 毕业论文的排版打印

毕业论文修改完成，经导师审定后就可以装订了。一般来说，学校会提供统一印制的毕业论文彩色封面，学生只需把论文题目等相关信息打印到封面上即可。

不同学校对毕业论文的排版、打印要求会有差异，应严格按照相应要求处理。

6.8 毕业论文答辩

论文答辩是毕业论文写作的最后一个环节，不同的学校对毕业论文答辩的要求也有所不同。

6.8.1 答辩的意义

1. 检验论文是否由学生自己完成

如果论文不是由学生自己完成的，而是在别人的帮助下撰写的，或者抄袭别人的成果，那么在答辩过程中就会露出马脚，回答问题不够准确完整，不能自圆其说，甚至出现语无伦次、完全无法回答问题的情况。

2. 考查学生的口语表达能力、应变能力、分析问题和解决问题的能力

答辩时，学生要即时回答老师提出的问题，在思考所要回答内容的同时，组织语言进行表述。这对学生是一种挑战，能较好地反映学生的口语表达能力、应变能力、分析问题和解决问题的能力。

3. 给学生提供全面展示自己各方面能力的机会，确保成绩公平合理

在影响指导教师评分的因素中，除了毕业论文本身的质量，还有在毕业论文撰写过程中学生的表现。这就意味着教师给出的毕业论文初评分可能不够客观公正。在毕业论文答辩过程中，学生能够更加直观地展现自己的知识、能力和水平，有利于学生获得相对公平合理的成绩。

6.8.2 答辩的流程

论文答辩工作是由答辩委员会组织实施的。答辩委员会由本专业或相近专业的中级以上(含中级)职称教师和专家组成，下设若干答辩小组，每组一般 3～5 人。学生的总成绩由三部分组成，包括指导教师评分、评阅人评分、答辩成绩。按百分制计算，要通过论文答辩，总成绩要达到 60 分以上，同时答辩成绩要达到 30 分以上。总成绩和答辩成绩中任何一项不合格，都要重新参加答辩。一般来说，毕业论文成绩达到优秀(90 分及 90 分以上)的同学，才有资格参加校级优秀毕业论文的评选。

毕业论文答辩流程，各高校在具体环节上会有一些差异，但基本步骤是一样的。

1. 指导教师出具评审意见、评分

部分学校指导教师不参与分数评定，只给出具体意见。指导教师在评分时，一般会综合考查学生的工作态度、遵守纪律情况、开题报告质量、任务完成情况、选题质量、学生的能力水平和论文完成质量。因此，为了获得较高的分数，学生在撰写毕业论文时应注意以下七个方面。

(1) 工作态度

撰写论文时要态度认真，刻苦努力，作风严谨。

(2) 遵守纪律

自觉遵守学校有关规定，主动联系指导教师、接受指导。

(3) 开题报告

开题报告的内容翔实，符合规范要求。

(4) 任务完成

按时、圆满完成各项工作任务。

(5) 选题质量

选题要符合培养目标要求，有一定的研究价值和实践意义，有一定的开拓性、创新性，深度、难度适宜，工作量饱满。

(6) 能力水平

在论文撰写过程中，要表现出较强的综合运用知识能力、科研方法运用能力、中文表达与外语应用能力、文献资料检索能力和计算机应用能力。

(7) 完成质量

论文要文题相符，概念准确，分析、论证、设计、实验等正确合理，结论明确；论文结构、撰写格式、图表等符合基本规范要求。

2. 评阅人评审

评阅人给出成绩和评审意见。评阅人在评审论文时，主要考查论文的选题质量、学生的能力水平和论文的完成质量。

3. 答辩人自述论文主要内容

在答辩会上，答辩人首先要自述论文的主要内容。

4. 答辩人回答问题

答辩人在自述论文的主要内容后，要回答答辩小组老师提出的问题，同时，答辩小组老师还可能指出论文中存在的问题并提出改进意见。

5. 答辩小组对学生是否通过答辩进行表决、评分

答辩小组评分时会综合考虑学生的自述总结和答辩过程中的表现，还会考查论文的选题质量、学生的能力水平和论文的完成质量。在自述总结环节，答辩学生在陈述时要做到思路清晰，语言表达准确，概念清楚，论点正确，分析归纳合理；答辩前要充分准备，确保能正确回答老师所提出的问题，基本概念要清楚，有理论根据。

6.8.3 答辩的准备工作

1. 熟悉答辩流程和环境

学生可以在"学术英语写作"等相关课程上了解毕业论文答辩流程，也可以在大学三年级甚至更早时到现场观摩答辩过程，熟悉答辩细节。正式答辩前一天，可以到答辩教室外察看现场环境，也可以找一间空教室，按照答辩现场的格局布置教室，几个同学分别扮演老师和学生进行模拟答辩。

2. 撰写自述报告

在论文自述环节，仅仅简要介绍论文的主要内容，或者一字不落地复述论文摘要，这两种做法都是错误的。自述报告应包括以下主要内容：研究背景(前人做了哪些研究)、研究的目的和动机(为什么要做这个研究，意义何在)、研究重点(本文要研究什么)、研究方法(采取的途径和方法)、论文的主要观点(自己提出了哪些新观点、新见解)、论文的发现和结论、研究不足(有哪些应该涉及而未涉及的问题，研究方法等方面的不足)等。论文答辩的时间一般为 15～20 分钟，自述部分应该控制在 6～7 分钟。

3. 准备答辩问题

在答辩前，学生可以提前想好如何回答答辩小组常问的问题。学生完成自述后，答辩小组一般会围绕以下几方面提问：选题的起因、目的和动机，论文各部分之间的内在逻辑关系(中心论点和分论点之间的关系，各章节之间的关系等)、论据和论证、论文的学术价值和应用价值、论文的不足之处等。

4. 其他注意事项

答辩是严肃的学术交流活动，着装要得体，应避免穿着拖鞋、短裤、吊带背心等过于休闲的服装，切忌着奇装异服、留古怪的发型。女生可以化淡妆，但不宜佩戴过于花哨的首饰。答辩时由于紧张，学生可能做出挠头等各种小动作，可以通过团队合作进行模拟答辩来提前发现这些问题，及时克服。

6.8.4 答辩的注意事项

1. 自述部分

自述的语言要简洁清楚，句子结构不要过于复杂，但也应避免使用过于口语化的语言。语速不宜过快，一般以每分钟 100～120 个单词为宜。音量大小适中，还可以用肢体语言进行辅助。如果使用 PPT，应注意课件页面的切换要和自述内容保持一致。①

2. 回答问题部分

如果没有听清老师提出的问题，可以礼貌地请老师再说一次；如果没有听懂老师提出的问题，也应坦率地说明，这时答辩小组老师往往会换一种提问方式，或者用简单易懂的语言重新提问。答辩时应携带笔和纸，随时记录老师的提问要点，也可以写下自己回答的关键词。此外，还应记录老师指出的论文中的不足，以便下一步修改和完善。

3. 答辩礼仪

答辩开始时，首先要向答辩小组老师问好，然后介绍自己的姓名、班级、论文题目。对于老师提出的问题、给出的修改意见等要表示感谢。答辩是师生进行学术交流的过程，如果不同意老师提出的意见和观点，应该用委婉的语言进行解释说明，不要带着情绪大声争辩。

章节思考题

1. 英语师范专业毕业论文的选题原则是什么？
2. 如何保质保量地收集参考文献？
3. 文献综述就是把收集的文献资料进行分类介绍吗？
4. 如何处理好论点、论据和论证的关系？
5. 如何准备答辩？答辩过程中应注意什么？

参考文献

[1] 张霖欣. 英语专业毕业(学术)论文写作教程 [M]. 修订版. 北京：外语教学与研究出版社，2016：30.

[2] 王秀红，芮艳芳. 英语毕业论文实用指导 [M]. 北京：电子工业出版社，2015：20.

[3] 穆诗雄. 英语专业毕业论文写作 [M]. 2 版. 北京：外语教学与研究出版社，2012：44.

[4] Moore, S. D. Slavery and the Making of Early American Libraries[M]. Oxford: Oxford University Press, 2019.

[5] 黄国文，王宾，林裕音. 英语专业毕业论文写作手册 [M]. 上海：上海外语教育出版社，2013：64.

---

① 黄国文，王宾，林裕音. 英语专业毕业论文写作手册[M]. 上海：上海外语教育出版社，2013：64.

第 7 章
英语师范生职业发展

近年来,教育行业对毕业生的学历和专业技能提出了更高的要求,如何把握机遇、应对挑战、与时俱进、提高自身就业竞争力是摆在所有英语师范生面前的一道难题。英语师范生需要在老师的指导下正确认识就业形势,从自我认知、就业能力培养和职业生涯规划等方面进行自我完善和改进,进而圆满地完成从"生"到"师"的角色转换。正确的角色定位需要理智,及时的角色转换需要智慧。

7.1 英语师范生自我认知与教师职业认知

正确的自我认知与教师职业认知是英语师范生作好职业生涯规划的前提条件。英语师范生要通过剖析自己喜欢做什么、想要做什么来确定职业兴趣和职业价值观，同时，对教师职业要有充分、全面的认知，增强专业自信，有效激发学习的内动力。

7.1.1 自我认知的定义和方法

客观地认知自我是职业生涯规划的第一步。老子曰："知人者智，自知者明。"一个严于解剖自己的人，往往是有自知之明的人。但要做到这一点，通常比较难。解剖他人易，认知自我难。一个人只有正确地认识自己，客观地评价自己，并愉快地接纳自己，才能最大限度地发挥自己的能力与潜力，实现自身的人生价值。

1. 自我认知的定义

自我认知，也被称作自我意识，是个体对自我的洞察和理解。自我认知是一个不断发展变化的过程，一个人的思维和想象力只有达到一定程度才能具备自我认知的能力。自我认知包括自我观察和自我评价。自我观察是对自己的感知、思维和意向等方面的觉察，源于个体受外界环境刺激后经由记忆和思想产生的反应。自我评价是主体对自己的想法、期望、行为及人格特征的判断与评估，这是个体自我调节和人格完善的重要前提。

美国心理学之父威廉·詹姆斯在《原理》中将自我划分为生理自我、心理自我和社会自我。生理自我是指个体对自己的生理属性的认识，如身高、体重、性别、外貌、年龄、体能、健康状况等。心理自我是指个体对自己的价值观、性格、兴趣、情感、能力等心理特征的认识。社会自我是指个体对自己社会属性的认识，包括在社会和集体中的地位以及受人尊敬、接纳的程度等。

生理自我、心理自我和社会自我三者既相互联系又相互区别，是个体自我意识的有机组成部分。如果不能正确地认识自我，看不到自我的优点，就会产生自卑，丧失信心，做事畏缩不前。相反，如果过高地估计自己，就会骄傲自大、盲目乐观，导致工作的失误。

2. 自我认知的方法

要想全面、客观地认识自我必须掌握一些方法，如自我观察法、他人反馈法、活动成果法和测验评估法。

(1) 自我观察法

自我观察是教育自己、提高自我的重要途径，主要包括以下三个方面：观察自身外表和体质状况，包括外貌、风度和健康状况等；观察自我形象，主要涵盖自己在集体中的位置和作用、公共生活中的举止表现及社会适应能力等；观察自己的精神世界，包括自己的政治态度、道德水平、智力水平、能力、性格、兴趣、爱好、特长等。

曾子曰："吾日三省吾身。" 选择一个安静的环境，记录自己的优势和不足：自己有哪些性格特点，对什么领域的活动比较感兴趣，自己的价值观是怎样的等。对于那些可以改变的不足之处，考虑采取哪些措施加以改进。通过自我观察，对自己的行为模式、思维方式和能力水平等进行反思，作出对自己的评价。

(2) 他人反馈法

"以铜为镜，可以正衣冠；以古为镜，可以知兴替；以人为镜，可以明得失。"把他人当作一面镜子，虚心接受他人的评价，不断深化对自己的认识，了解自己的盲区。既不能不加分辨、全盘地接受他人的反馈，也不要过度关注他人评价，以致产生评价焦虑，干扰自我认识。要学会分析、品评、求证别人的反馈，取其真实。

(3) 活动成果法

自我认识可以通过个体在实践活动中展现的能力来获得。参加各种实践活动，比如各类文体活动、竞赛等，参与者往往可以获得不同形式的成果或收获，以直接体现自身的价值。理想的活动成果可以使个体进一步提高认识自我的能力，发现自我的价值，从而进一步开发自身的潜能，激发自信。要勇于打破自我心理闭锁，丰富生活阅历，在积极参加实践与交往中发挥自己的天赋与才能，取得优异的成绩，客观而恰当地评价自我和发展自我。

(4) 测验评估法

测验评估法是一种比较先进的心理测试方法，是依据心理学理论，使用一定的操作程序，通过观察人的少数有代表性的行为，对贯穿在人的全部行为活动中的心理特点作出推论和数量化分析的一种科学手段。通俗地说，心理测试是指通过一系列的科学方法来测量被评者的智力水平和个性方面差异的一种科学方法。心理测试必须在具备资质的机构指导下进行。被评者应积极配合，如实作答，不要按照自己希望的情况作答，以免影响测试的准确性。同时，要用发展的眼光看待测试结果，接受不能改变的，扬长避短，不断发展、完善自我。

7.1.2 自我认知的主要内容

自我认知是建立在个体自我观察与自我分析的基础上，对自身条件和状态进行全面评估。全面认识自己，既要看到自己的优点和长处，又要看到自己的缺点和不足。客观地认识自我，可以将个体从我想干什么转变到我能干什么，从而实现对个人能力的管理与监督。自我认知的内容有很多，从职业生涯规划角度来看，主要包含职业兴趣、能力和价值观。

1. 职业兴趣

兴趣是人认识某种事物或从事某种活动的心理倾向，以认识和探索外界事物的需要为基础，是推动人认识事物、探索真理的重要动机。职业兴趣是个体力求了解某种职业或进行某项职业活动的心理倾向。个人对某种职业感兴趣，就会对该种职业活动表现出肯定的态度，并积极思考、追求和探索。清楚地了解自己的职业兴趣所在，对于提高自我认识，进行职业生涯规划具有非常重要的意义。要了解自己的兴趣，尤其是职业兴趣，除了在生活中仔细观察、及时反省之外，还需要进行心理评估，即通过多种方法和手段，对心理特质的水平、特点作出全面的鉴定。

2. 能力

能力是完成一项目标或者任务所体现出来的综合素质，是直接影响活动效率并使活动顺利完成的个性心理特征，是个人自我认知的一部分。能力表现在所从事的各种活动中，是人们顺利实现某种活动所必须具备的特征，并在活动中得到进一步发展。人们在完成活动中表现出来的能力有所不同，不同的职业对能力的要求也是不同的。大学生在选择职业目标时，既要考虑自身兴趣，还要选择自己擅长的领域。

相比其他职业，从事教育工作的教师所需的一般能力起点较高，不仅需要具备敏锐的观察力、持久的注意力、准确的记忆力、丰富的想象力和灵活的思维能力，还需要拥有良好的人际沟通能力、实际操作能力、口头表达能力和体态语言表现能力。教师教育能力是教师从事教书育人活动所必须具备的带有职业特点的能力，是教师一般能力的延伸，是与教育教学活动密不可分并直接影响其活动质量与效率的多种特殊能力的有机结合。

3. 价值观

价值观是基于个体思维和感受作出的评价、判断、理解或选择，主要以潜在的方式主导和影响我们的思想和行为，是心理结构的核心因素之一，具体表现在对事物的看法、对是非的判别和对利益与道德的取舍等方面。

职业价值观是个体一般价值观在职业生活中的体现，是人们对待职业的一种信念和态度，对一个人的职业目标和择业动机起着决定性作用，是一种有明确目的性、自觉性和坚定性的职业选择的态度和行为。职业价值观是人们依据自身的需要对待职业行为和工作结果的比较稳定的具有概括性和动力作用的一套信念系统，是个体在长期的社会实践中所获得的关于职业经验和职业感受的结晶，不但决定人们的择业倾向，而且决定其工作态度。由于个人在身心条件、年龄阅历、教育状况、家庭影响、兴趣爱好等方面存在差异，人们对各种职业有着不同的主观评价。

职业价值观具有阶段性、稳定性和多样性的特点。人在不同的阶段有不同的需要，低层次的需要满足以后，就会产生更高层次的需要。因此，职业价值观具有阶段性的特点。职业价值观以价值观为认识基础，与人的世界观和人生观相联系，一旦形成，就具有较强的稳定性。职业价值观根据人的需要而产生，会因需要的不同而表现出不同。如有的人喜欢同物打交道的职业，有的人喜欢同人打交道的职业，有的人喜欢安全平稳的职业，有的人喜欢充满挑战的职业。

7.1.3 英语师范生的自我认知和自我定位

一些英语师范生不清楚自己未来的职业方向，只是盲目地投递简历去参加招聘。显而易见，他们对自身认知不够清晰，定位不够准确。

1. 英语师范生的自我认知

充分、正确、深刻地认识自身能力、个性及相关环境是设定职业生涯目标及策略的基础。英语师范生要有正确的自我认知，必须学会正确的自我悦纳、积极的自我体验、有效的自我控制。

(1) 自我悦纳

自我悦纳是发展健康的自我体验的关键和核心，是指个体能正确评价自己、接受自己，并在此基础上使自我得到良好的发展。喜欢自己，肯定自己的价值，有愉快感、自豪感和满足感，性格开朗、生活乐观，对未来充满憧憬。不仅要接纳自己的优点、长处，更要接受自己的缺点与不足。平静而又理智地看待自己的长处和短处，冷静对待自己的得与失，努力改进自己、完善自己，而不是妄自菲薄、失去信心。树立远大的理想，激励自己不断克服消极情绪，既不以虚幻的自我来补偿自己内心的空虚，也不用消极回避、漠视自己的现实来否定自己，更不以怨恨、自责甚至厌恶来否定自己。

(2) 自我体验

自我体验是伴随自我认识而产生的内心体验，是自我意识在情感上的表现，即主我对客我所持有的一种态度，反映了主我的需要与客我的现实之间的关系。客我满足了主我的要求，就会产生积极肯定的自我体验，即自我满足；反之，客我没有满足主我的要求，则会产生消极否定的自我体验，即自我责备。

成功感和失败感是根据个体的自我认知与自我期望的水平确定的，取决于个体的内部标准。由于个体的自我期望水平受到社会的期望标准的影响，因而决定个体成功与失败的情绪体验的内部标准在一定程度上要与社会的共同标准相适应。当个体体验到成功感时，就会产生积极的自我肯定，向更高的目标进取；反之，当个体体验到失败感时，则常会产生消极的自我否定，闷闷不乐，甚至放弃努力。恰当地处理自我体验，对个体的身心发展具有重大意义。

(3) 自我控制

自我控制是个体自主调节行为，以使其与个人价值和社会期望相匹配，它可以引发或制止特定的行为，如延迟满足、抵制诱惑、制订和完成行为计划、采取适应社会情境的行为等，是抵制冲动进而进行自我控制的过程。在面对诱惑时，个体需面对两种敌对的力量，一种是呼吁个体做出合理行为的自我控制力量，另一种是鼓励个体做出满足欲望行为的冲动力量。要精确预测自我控制结果必须同时考虑这两个方面对行为的影响。

要积极地改变自己,理智判断行事,克服追求一时满足的本能愿望,使自己成为有修养的人。

2. 英语师范生的自我定位

定位从本质上来说就是一个选择与放弃的过程。正确的自我定位就是明白自己的价值,准确地认知自己。许多毕业生在选择职业时并没有认真地进行自我定位,而是被太多的随意性和偶然因素所左右,结果被不适合自己发挥潜能的职业和职位束缚一生。英语师范生在自我定位时应注意以下几个方面。

(1) 明确优势

优势即所拥有的能力与潜力,是一个人能够在社会上安身立命的基础。明确自己的能力大小、优势和劣势,通过自我分析,深入了解自身,根据过去的经验选择,推断未来可能的工作方向与机会,从而解决我能干什么的问题。对于一名英语师范生来说,自身优势首先是专业优势。尽自己最大努力学好专业课程是职业规划的前提条件之一。我学到了什么?我的专业给我带来了什么?我喜欢做什么?哪些是我擅长的?我有过哪些成功的经验?我的性格有哪些优点?我有哪些社会实践经验?"尺有所短,寸有所长",成功人生的诀窍就是经营自己的长处。

(2) 发现不足

"金无足赤,人无完人。"其实,劣势并不总是一无是处。知道自己的劣势,不至于使自己盲目自信;分析自己的劣势,不至于使自己因为劣势而无端自卑,垂头丧气。要学会正视自己的弱点,并尽量减少其对自己的影响,认真对待,善于发现并努力克服,这将有助于自我提高。

(3) 明确方向

自我分析后,就要明确自己该选择什么职业方向,即解决选择干什么的问题,这是个人职业生涯规划的核心。职业方向,简言之就是最想做的工作是什么。职业方向的选择应遵循自己的兴趣、特长和社会需求的原则,结合自身实际来确定。首先,必须对自己选择的职业是热爱的,只有热爱它,才可能全身心地投入,做出一番成绩。其次,选择自己所擅长的领域,充分发挥自我优势。最后,所选职业为社会所需要,使自我发展有所保障。

总之,职业生涯目标的确定,是个人理想的具体化和可操作化。职业目标的选择无定式可言,关键是要依据自身实际,适合自身发展,并尽量与社会需求相适应,跟上时代发展的脚步。

7.1.4 教师职业的性质、社会地位及多元化角色

英语师范生应充分认识教师职业的性质、社会地位及多元化角色,并结合自身的自我认知,作出慎重选择。

1. 教师职业的性质

《中华人民共和国教师法》明确阐释了教师职业的性质："教师是履行教育教学职责的专业人员,承担教书育人、培养社会主义事业建设者和接班人、提高民族素质的使命。"这从法律层面上确认了教师的专业性和社会地位。

首先,教师职业是一种专门职业,教师是专业人员。教师职业具有自己独特的职业要求和执业条件,有专门的培养制度和管理制度。教师专业既包括学科专业性,也包括教育专业性。国家对教师任职制定了学历标准,有必要的教育知识、教育能力和职业道德要求,有教师教育的专门机构、专门教育内容和措施,有对教师资格和教师教育机构的认定制度和管理制度。教师专业发展是一个持续不断的过程,教师专业化也是一个发展的概念,既是一种状态,又是一个不断深化的过程。

其次,教师是教育者,向年轻一代传授人类长期积累的知识经验,规范他们的行为品格,塑造他们的价值观念,引导他们把外在的社会要求内化为个体的素质,实现个体的社会化。从广义上讲,凡是把知识、技能和技巧传授给别人的人都可称之为教师。从狭义上讲,教师是经过专门训练、在学校从事教育教学工作的专门人员。

2. 教师职业的社会地位

教师被誉为人类灵魂的工程师,其社会地位主要体现在经济、政治和文化三个方面。教师的经济地位是决定教师职业是否有吸引力、能否吸引到高素质人才、保障教师队伍稳定性、保证和提高教育质量的关键性因素之一,是其社会地位的基础和直接表现。教师的政治地位主要通过教师在政治上享有的各种权利、待遇和荣誉等体现出来,主要表现在社会对教师的评价、教师职业的社会价值与作用、教师的社会关系体系在全社会所具有的影响及其这种影响所产生的教师在政治、经济上所享有的各种待遇。教师的文化地位体现了教师在社会文化、观念、道德等方面构成的综合形态中的地位。

随着经济发展对人才的巨大需求,人们愈来愈认识到教育的重要性,进而更注重从各方面充分发挥教师对培养人才、发展经济的重要作用。国家不仅多次强调要提高人民教师的政治地位和社会地位,而且专门制定《中华人民共和国教师法》,就教师的权益、待遇作了具体规定,确立每年9月10日为教师节。这为提高教师的社会地位提供了重要法律保障。

3. 教师职业的多元化角色

随着科技的飞速发展,社会对人才的要求也逐渐提高。知识更新换代,人才要跟得上时代,就得具有创新力。在这样的时代背景下,教育不能只是灌输知识,更要培养学生的创新能力和实践技能,健全学生的个性和人格。因此,教师不仅是知识的传授者,而且是塑造学生品格、品行、品位的大先生。

(1) 教师具有传道者的角色

教师负有传递社会传统道德、价值观念的使命。韩愈《诗说》曰："道之所存，师之所存也。"教师的言语行为、为人处世的态度会对学生产生耳濡目染、潜移默化的影响，因此，教师要在情感、态度、价值观上对学生进行激励，对学生的做人之道、为业之道和治学之道等担负引导和示范的责任。

(2) 教师具有授业解惑者的角色

授业，即传授基础知识与基本技能，是指教师要有一定的知识储备，并采用恰当的方法传授给学生，使学生能够更好地接受、吸收与利用。解惑，即教师要有效地解决学生的困惑，采用恰当方法调动学生主动学习的积极性，发掘培养学生勇于质疑的精神、独立的人格，并掌握一定的处理问题的能力。

(3) 教师具有管理者的角色

学校教育是规范化的教育，是对学生集体的教育。要实现共同的目标，就必须规范地管理。教师对教育活动的管理包括确定目标、建立班集体、贯彻规章制度、组织班级活动、协调人际关系，并对教育教学活动进行控制、检查和评价。

(4) 教师具有示范者的角色

作为一名示范者，教师的一举一动会在潜移默化中给学生带来莫大的影响。教师要讲文明、懂礼貌，有良好的品德和行为习惯，要充分发挥示范者的作用，用自己的一言一行影响学生。

(5) 教师具有朋友、家长的角色

教师在一定程度上扮演着学生的父母和朋友的角色，分担着他们的快乐与痛苦、幸福与忧愁。教师应努力成为学生信得过、能够提供建议和帮助的朋友。

(6) 教师具有研究者的角色

教育过程是一个复杂的动态变化过程。教师的工作对象是充满生命力的、千差万别的学生，传授的内容是不断发展变化的人文、科学知识。这就决定了教师要以一种发展变化的态度来对待自己的工作对象、工作内容，不断学习新知识、新理论，反思自己的教学实践，形成新的教育理念，以适应不断变化的形势。

7.1.5 教师劳动的特点

除了充分地认识教师职业的性质、社会地位及多元化角色，英语师范生在选择本专业前还须正确认知教师劳动的特点，在进行职业规划时对自身是否适合从事英语教师岗位作出进一步的判断。

1. 复杂性和繁重性

教师劳动的目的是培养德、智、体、美、劳全面发展的人，不仅要传授科学文化知识和训练技能、发展智力和培养能力，还要培养学生的思想品德，促进学生的身心健康。

教师不仅要经常在同一个时空条件下，面对全体学生，实施统一的课程计划、课程标准，还要根据每个学生的实际情况因材施教。因为学生有个体差异，同一内容向不同的学生教授，需要用到不同的方法。教育任务的多样性注定教师的劳动不是简单的重复，而是复杂的塑造人的灵魂的工作，是繁重的脑力劳动。

2. 创造性和灵活性

教师劳动的创造性和灵活性要求教师应具备教育机智。教育机智是指教师能根据学生新的特别是意外的情况，迅速而正确地作出判断，随机应变地采取及时、恰当、有效的教育措施解决问题的能力。教师的工作尽管有一些基本的原则和要求，但针对每个学生的教育来说，没有现成的操作规程。教学有法，但无定法。教学方法有很多，但并不是拿来就能用的，而是要结合实际情况具体分析。教师要不断地更新自己的教学方法，遵循因势利导、随机应变、掌握分寸、对症下药的原则。

教师必须根据学生的具体情况，灵活地运用教育原则，创造性地设计教育方法。教育对象千差万别，教师必须灵活地针对每个学生的特点，提出不同的要求，采用不同的教育教学方法，一把钥匙开一把锁，使每个学生都能够得到发展。为了提高教学效果，教师还要尝试新的教学方法，进行教学方法改革，即使是同样的教学内容，也要结合实际情况不断调整、改进和创新。

3. 主体性和示范性

主体性指教师自身可以作为学生的典范，其言行举止、才能、治学态度等都会成为学生学习的对象，成为活生生的教育因素和具有影响力的榜样。学高为师，身正为范。言传和身教是统一的、密不可分的，也就是说，教育者的一言一行都要成为受教育者的楷模，要以身作则。子曰："其身正，不令而行；其身不正，虽令不从。"教师劳动的示范性特点是由学生的可塑性、向师性心理特征决定的。教师的言行举止潜移默化地影响着学生，因此，教师要严于律己，给学生做一个好榜样。只有做到为人师表，以身作则，才能称之为教师。

4. 长期性和长效性

俗话说，十年育树，百年育人。教师的劳动不是一种短期见效的行为，而是一个具有长期性特点的特殊劳动过程。首先，人才培养的周期长、见效慢，必须坚持不懈，反复施教，促进学生一步一步地成长。其次，教师的教育可能影响学生一生的发展，不会随着学生学业的结束而消失，而是会在学生长期的实践中趋于完善和成熟。教师为学生在德智体美劳诸方面打下的基础，将会成为他们终生发展的宝贵财富。比如多年之后，想起老师在小学讲过的人生哲理，现在感触颇深。教师虽然并不直接创造物质财富，但是当学生走向社会，为社会作出贡献时，教师劳动的价值便体现出来了。因此，教师的劳动具有长期性和长效性。

5. 个体性和集体性

从劳动手段的角度来看，教师的劳动主要是以个体劳动的形式进行。教育教学活动本身是由一个个教师来完成的，在一定的时间，由一个老师，向学生传授相应的教学内容。从劳动过程看，教师的备课、上课、课外辅导以及对学生的集体培养，都呈现为个体的性质。

教师劳动成果的集体性，指的是在学生的成长过程中，会受到多个教师的影响。教师的劳动成果呈现出集体性，是集体劳动和多方面影响的结果。由于学校教育是分段进行的，每一阶段教师所面对的学生都受到前阶段教师劳动的影响。教师的个体劳动最终都要融入教师的集体劳动之中，教育工作需要教师的群体劳动。

教师劳动兼具集体性和个体性的特点，要求教师既要协调好影响学生身心发展的综合环境，特别是处理好自身与教师群体的关系，又要不断提高自身的思想修养和业务水平。

6. 连续性和广延性

教师劳动具有连续性，教师的影响不局限于所谓的上下班时间，没有严格的交接班时间界限，这个特点是由教师劳动对象的相对稳定性决定的。教师要不断了解学生的过去与现状，预测学生的发展与未来，检验教育教学效果，获取教育教学反馈信息，准备新一轮的教育教学活动。从学生角度来说，教师的教育应着眼于学生的过去、现在与未来，收集有价值的信息，才能全方位了解学生。

同时，教师劳动具有广延性，没有严格界定的劳动场所，课堂内外、学校内外都可能成为教师劳动的空间。学生的成长不仅受学校的影响，还受社会和家庭的影响。教师不能只在课内、校内发挥影响力，还要走出校门，协调学校、社会、家庭的教育影响，以便形成教育合力。

7.2 英语师范生就业能力培养

近年来，我国高校毕业生规模逐年攀升，就业形势严峻。英语师范生的就业能力不仅关系到师范生本人的职业发展，而且是影响我国基础教育事业发展的重要因素。因此，着力提升就业能力是每一名英语师范生在激烈的社会竞争中必须面临的一项挑战。

7.2.1 大学生就业能力概述

大学生就业能力是为适应就业市场的变化而提出的概念，从本质上来说，是大学生在生活中逐步积累的一种竞争力，是实现大学生就业理想、满足社会需求、实现自身价值的能力。大学生就业能力主要体现在大学生的职业目标是否明确、知识技能是否扎实、就业心态是否端正、是否有适应岗位的实践能力等方面,是决定大学生能否成功受聘并维持职业的相对稳定、促进职业健康发展的素质和能力的综合体,是大学生成功获取工作和展现价值的关键要素。大学生就业能力包括基础素质能力和专业素质能力,基础素质能力是个人发展的根基,专业素质能力是个人创新发展的源泉。

1. 大学生就业能力的界定

1909年,英国经济学家贝弗里奇首先提出就业能力的概念。就业能力即"可雇用性",指个体获得和保持工作的能力。20世纪80年代后期,美国的一些学者认为,就业能力是一个获得最初就业、维持就业和重新选择、获取新岗位的动态过程,在强调就业者就业能力的同时,还应考虑就业市场、国家经济政策等宏观因素。2005年,美国教育与就业委员会指出,就业能力不仅包括狭义上理解的找到工作的能力,还包括持续完成工作、实现良好职业生涯发展的能力。

国内不少学者也对就业能力进行了深入的研究。郑晓明认为:"大学生的就业能力不单纯指某一项技能、能力,而是学生多种能力的集合,这一概念是对学生各种能力的全面包含。在内容上,它包括学习能力、思想能力、实践能力、应聘能力和适应能力等。"[①] 谢志远认为,大学生就业能力是大学生在校期间通过学习和实践而获得工作的能力,包括保持工作以及在工作中获得晋升的能力。刁文彬主张,就业能力是大学毕业生在校期间通过知识的学习和综合素质的开发而获得的能够实现就业理想、满足社会需求,在社会生活中实现自身价值的本领。宋国学从三个角度对就业能力作了综述:从综合角度解释为获得最初就业、保持工作和必要时获得新工作所需要的能力;从个人特点角度解释为一系列成就、理解力和个人特征,能促使个人更容易获得就业和成功地选择职业;从个人展示角度解释为寻找和维持不同就业的相对机会。大学生就业能力研究的焦点在于大学生群体,是大学生受雇于组织时所必须具备的职业能力;同时学者们一致认为,就业能力是可以通过不断学习而得到提高的。

社会经济的发展对职场产生深远影响,就业能力也被赋予了更多的内涵。首先,随着社会的发展,人才素质整体大幅提高,就业市场竞争日趋激烈。越来越多的人开始关注如何培养适应当代职场特点的就业能力。其次,地球村给职场环境带来了重大变革。国际化、多元化的工作环境要求职场人不断提升能力素质,开阔视野,以获得更广阔的发展空间。最后,企业愈发重视针对不同的岗位选择不同类型的人才。人力资源管理的核心也从单纯对"事"的管理转变为重视对"人"的管理。员工的流动率、工作满意度、职业生涯发展、组织忠诚度等也成为企业人力资源管理的重要部分。

2. 大学生就业能力的特征

大学毕业生面临着从校园环境到职场环境的转换,从学生角色到职业角色的转变,

---

① 郑晓明. 就业能力论 [J]. 中国青年政治学院学报, 2002, (3): 91-92.

从学习能力到工作能力的延展。如何立足职场，应对压力与挑战，保持可持续发展的就业能力，不仅是大学生迈入职场前的必备功课，也是企业在挑选人才时的考量标准。就业能力受诸多因素影响，呈现出如下特征。

(1) 遗传性与习得性

受遗传和其他外在因素影响，大学生就业能力具有遗传性与习得性的特征。一方面，人的天赋主要通过遗传基因获得，这种先天禀赋为后天素质的提高提供了坚实的基础。另一方面，人的后天素质受环境、教育及个体主观努力程度影响。

(2) 前瞻性

大学生就业能力不仅仅体现在大学生毕业获取工作方面，还体现在培养、实现和继续发展的动态过程中，包含接受高等教育培养就业能力的阶段、搜寻职业岗位实现就业能力的阶段以及就业能力不断提升的职业生涯阶段。

在不同的阶段，就业能力的影响因素和影响特征是各异的。大学生成长和发展的天性能够鞭策其向着理想的目标前进，从而实现自我的价值。

(3) 复合性

从某种程度上来说，复合也是一种变化。多个不同事物结合在一起，往往会产生新的复合体。大学生就业能力是各种能力或潜能的复合交叉，如动手能力、创新能力、人际协调能力、适应能力等。不同性质、体系知识间的相互交叉融合将形成新的知识体系，产生新的能力，使整体能力得到提升。

7.2.2 英语师范生就业能力的基本构成

新课标及教育课程改革的不断推进，极大地促进了义务教育阶段英语课程的发展，同时也对广大中小学英语教师提出了越来越高的要求。英语师范生的就业能力不仅包括师范生所应具有的基本素质和能力，还包括作为英语师范生所应具备的专业素质和能力。

1. 师范生的基本素质和能力

21世纪是知识经济时代，经济发展呈现区域化、信息化、全球化趋势，这就要求师范生应具有综合运用知识信息和创新的能力。师范生就业能力中的基本能力包括学习能力、创新能力和沟通能力三个方面。

(1) 学习能力

现代社会的学习能力主要是指不断获取新知识、掌握新能力、接受新观念、不断完善自我、适应新要求的终身学习能力，包括常规的学习能力、运用图书资料和计算机等进行学习的能力、面对各种知识时进行选择的能力和对知识进行管理加工的能力。学习能力是决定一个人未来综合实力的基石，是21世纪人才的重要标志之一。

学习能力不是与生俱来的，它需要历经磨砺，方能有所长进。首先，必须具有较强的自我控制能力。学习要想有所收获，必须执着，无论遇到什么诱惑和困难都能不改初衷。自制力弱的人对于自己确立的学习目标很难坚持到底，做事容易情绪化，丝毫没有计划和韧性。其次，必须具有强烈的紧迫感和自信心。紧迫感是激发人们刻苦学习的最原始、最持久的动力。如果感到自身还有许多有待完善的地方，会使人产生强烈的学习欲望和动力。要有自信心，自信心强的人会坚定自己的信念，为达到目标而努力。充满了自信，学习才能事半功倍。再次，必须培养学习兴趣，勤奋努力，善于思考与创新。勤能补拙是良训，学而不思则罔。只有勤于思考，才能不断培养和开发学习能力。必须敢于尝试，不断实践。例如，师范生可选择与自己未来职业相关的实践活动，在实践中提高学习能力。最后，良好的身体素质有助于学习能力提升。加强锻炼能及时缓解学习压力和负面情绪，使人精神饱满地全身心地投入学习。

(2) 创新能力

创新能力是民族进步的灵魂、经济竞争的核心和国家兴旺发达的不竭动力。当今社会的竞争，与其说是人才的竞争，不如说是人的创新能力的竞争。

大学生的创新能力具体体现在创新意识、创新思维、创新技能及创新情感与人格等方面，要与时俱进、思想解放，具有创新的精神，掌握创新方法，养成创新思维，善于发现新生事物，总结新的经验，善于分析新情况，提出新思路，解决新问题。创新能力的培养是个长期的过程，各个阶段具有差异性。大学生既要在学习专业知识的同时注重创新素质的自我培养，又要努力在专业研究方面不断创新。

首先，要提高创新意识。充满创新向往与激情，保持充分的好奇心，发挥主观能动性，崇尚理性思考。大学生应参加各种各样的实践活动，学会在一个有竞争的集体中进行工作，学会在与人合作中进行创造。其次，要努力培养创新思维。逢事自己拿主意，不依附、不盲从，始终保持好奇心、自信心、想象力和表达欲，使自己成为自主、进取、勇敢和独立的人。再次，要敢于大胆怀疑，小心求证，坚持辩证分析问题的方法，努力运用发散思维和跳跃思维思考问题。最后，要不断探索创新方法。"三人行，必有我师焉"，注意学习别人的经验或者吸取别人的教训，在交流沟通中尝试寻找新方法、新途径、新方案并能够勇于捕捉创新的机会。

(3) 沟通能力

沟通能力是指一个人与他人有效沟通信息的能力，包含表达能力、倾听能力和设计能力，关系着一个人的知识、能力和品德。人们判断沟通能力的基本尺度是恰如其分和沟通效益：恰如其分指沟通行为符合沟通情境和彼此相互关系的标准或期望；沟通效益指沟通活动在功能上达到了预期的目标，或者满足了沟通者的需要。沟通能力非常重要，是优秀教师的必备素质，是取得职业成功的重要素质之一。

提升沟通能力，既要提高理解别人的能力，也要提高让别人理解自己的能力。首先，沟通要领是多听，了解对方真正的意图。如果你想成为一个谈话高手，必须先是一个专心倾听的人。要注意沟通风格，不要陷入辩论中。要改变一个人的想法，一定要先接纳他。其次，要仔细设想沟通的情境和对象。不同的场合对于沟通的要求是不一样的，例如，开会和聚会就应采用不同的沟通方式。不同的人际关系需要不同的沟通方式，应根据对象的不同改变沟通方式。再次，要认真推敲沟通的细节。积极主动去了解对方的心理状态，并调节自己的沟通方式，以便更好地完成沟通过程。坦诚自然，大胆讲出自己内心的感受，不批评、不抱怨。注意把握时机，有情绪的时候不要沟通，当事情陷入僵局时，要耐心等待转机，不要盲目地作决定。最后，要注意肢体语言。沟通中少做无意义的动作，以免分散对方的注意力，影响沟通效果。要注意情境是否合适，是否与个人身份相一致。

2. 英语师范生的专业素质和能力

英语师范专业的培养目标为培养德、智、体、美、劳全面发展，具有良好职业道德和人文素养，初步掌握英语教育学、心理学基本理论和实践方法，具备扎实的英语语言基础和跨文化交际能力，以及较强的教学活动组织能力和教育教学研究能力，从事中小学英语教育工作的教师。因此，英语师范生的专业素质和能力大体包含五个方面：语言文字能力、教育教学能力、科学研究能力、教育管理能力和课外活动组织能力。

(1) 语言文字能力

对于一名英语师范生来说，汉语语言文字能力和英语综合应用能力同等重要。汉语语言文字能力是指使用普通话和规范字进行教育教学活动的能力，包括讲普通话能力、用规范字能力和写应用文能力。优秀的教师要有较强的朗读、演讲和讲话能力，口语表达应做到准确、清晰、得体；具备规范字的识别能力和书写能力，掌握国家规定的常用规范字，不写错别字，能够流畅美观、大方自然地书写规范字；具备较好的书面表达能力，书面写作要求格式规范、内容完整、逻辑清楚、表述恰当、标点符号正确，无错别字或语病，文本格式与内容基本符合工作要求。

此外，英语师范生还必须具备较好的英语综合运用能力。以小学或初中英语教师为例，其基本任务是向学生传授英语的基础知识，对学生进行听、说、读、写的语言技能训练。这就要求教师要有过硬的英语语音、词汇、语法、语义等专业知识，一定的听、说、读、写能力和跨文化交际素养。儿童的语言模仿能力强，向师性强，这就要求教师必须语音纯正、语言准确，熟练掌握基本语调，把握语流的节奏特点。因此，英语师范生平时要有针对性地进行模仿、背诵和复述练习，目的是训练正确的语音、语调，培养英语语感。同时，通过各种方式，如阅读、做练习题、听英语录音、看英语录像和电影等来扩大词汇量。多给自己创造表达的机会，在运用的过程中不断改进和提升，真正用好英语。

(2) 教育教学能力

教育教学能力是师范生职业能力的重要组成部分，是指教师在备课、上课、课外辅导、批改作业和评定成绩等环节中必备的能力，主要包括教学设计能力、现代教育技术应用能力、课堂教学能力及课外辅导能力。

首先，英语师范生应具有教学设计能力。当前，新课程标准逐步推广和实施，教学设计须在新课程标准的指导下，自觉主动地运用心理学、教育学等学科理论，并结合新的教育教学理念开展。教学设计的内容主要包括制定教学目标、分析和处理教材以及了解学生学习的特点等。具体步骤主要包括创设课堂情境、制定教学策略、制订教学计划、编写教案、设计作业及评价课堂教学效果等。其次，英语师范生应具有现代教育技术应用能力。根据课程教学目的、教学内容和学生自身特点，在英语课堂教学实践中，运用信息技术优化课堂教学。再次，英语师范生应具有课堂教学能力。熟练掌握常用课型结构，选择和运用有效的教学方法，认真充分地做好课前准备，恰当地使用外语课堂教学常用教学方法。最后，英语师范生应具有课外辅导能力。随着基础教育改革的深入推进，课外辅导的作用及对学生成长的重要意义也日渐凸显，包括课程答疑、作业批改与辅导、对不同学习能力学生的个别指导、学习兴趣小组活动指导以及校外实践活动辅导等。

(3) 科学研究能力

科学研究能力是教师在教育教学过程中，从事与教育教学有关的研究和创新活动的能力。作为一名英语师范生，要做好英语教学工作必须具备一定的科学研究能力。因此，在大学期间，应积极参与教师的教研项目或主持和参与一些研究类项目，在老师的引导下不断提升自身的科学研究能力。

教育科研课题的种类多种多样，其研究方法也各不相同，研究方案也有不同的种类，但究其结构，则大同小异。①课题的表述要准确、规范、简洁和醒目。课题选定后，根据事实和已有资料对研究课题设想出一种或几种可能的结论。②确定研究对象。研究内容是研究方案的主体，把课题所提出的研究问题进一步细化为若干小问题。③确定教育研究方法。研究的步骤要充分考虑研究内容的相互关系和难易程度，一般都是从基础问题开始，分阶段进行。④确定成果形式。教育研究成果可以是研究论文、报告、专著和教材等。研究周期较长的课题，还应该分别有阶段成果和最终成果。⑤根据课题研究需要确定课题组成员。每个成员必须承担课题研究某一方面的任务，承担的任务应与其学识、能力相适合。研究计划中要把课题组负责人、成员名单、分工写出，必要时还应把各人的专业、能力特长、曾有的研究经历和成果列出，以便课题管理者对课题组的研究实力有所了解。

(4) 教育管理能力

英语师范生未来不仅要从事英语教学，还有可能成为一名班主任、年级组长，甚至走上学校管理岗位，管理一个班集体、一个年部、一所学校，因此，良好的教育管理能力是其必备素质之一。

教育管理能力主要是指一般的育人活动实施能力，包括对学生的思想品德、理想信念、人格、行为等方面教育与管理的能力。班集体是整体教育能力实施的载体，组建和管理班级是未来教学工作中必不可少的一部分。

此外，教师还要针对每个学生个体实施教育。英语师范生在校期间要认真学习教育学和心理学，掌握不同年龄阶段学生的心理特征，学会使用不同的教育方法。作为一名班主任，不可避免地要与学生家长打交道，因此，英语师范生还要具备一定的家校协作能力，在教学实习过程中应不断加强自身的语言表达能力和沟通能力，采用多种沟通方式与家长建立起融洽的关系。总之，教育管理能力是师范生未来职业发展必须具备的重要能力之一。

(5) 课外活动组织能力

在基础教育改革不断推进和素质教育进一步展开的情况下，组织开展丰富多彩的课外活动具有非常现实的意义，不仅是对课堂教学的有益补充，更是开展创新教育、培养创新人才的重要途径。组织课外活动是教师必备的能力之一，包括校内活动和校外活动。

在课外活动中，教师的职责是尽可能地创造条件，组织多种多样的活动供学生选择，并对不同的学生给予启发引导，指导他们参加适宜的活动。一个未来从事义务教育工作的英语师范生应有能力组织具有本学科特点的课外活动，如英语兴趣小组、英语社团、英语竞赛、英文课本剧表演、英语角等。

活动组织能力的基本内容主要包括以下几个方面：创设主题，需要围绕义务教育阶段的具体培养目标和教学内容，根据社会和教育的发展趋势，尤其是结合国家和社会的热点问题进行；确定活动方式，需要考虑学生的参与度、活动的影响力、成功举办的可能性、举办活动的成本和举办的时间；要有目的、有计划地对整个活动的全过程进行统管，要善于组织、配合协调各类课外活动；活动结束后要进行分析总结，吸取经验教训，提高课外活动组织的可行性和实效性。

7.2.3 英语师范生就业能力培养的基本途径

面对竞争激烈的就业形势，师范生应从自身特点出发，结合自身存在的问题，采取有针对性的方式来加强对自己就业竞争力的培养。英语师范生可从以下几个方面着手，通过对各种途径的合理组合利用，提升就业能力。

1. 明确大学目标，做好职业规划

面对严峻的就业压力，英语师范生在刚入学的时候就要明确自己的发展方向，做好职业规划，有目的地稳步前行，有针对性地进行培养和训练。明确在大学阶段要干什么，怎样提高自己各方面的能力，这样才能在未来激烈的就业市场中具有更强的竞争力。

首先，在规划职业生涯目标时，兴趣是主要动力，只有在自己内心不断涌动的热忱鼓舞下，才能真正热爱自己准备从事的工作。其次，要认清自我，分析自己的优势和劣势，深入了解自我，根据过去的经验选择，推断未来可能的工作方向与机会，并结合自身实力考虑其合理性与成功概率。再次，面对世间的千万职业，究竟选择哪一个，不仅取决于自身的兴趣与能力，还取决于其行业自身的生命力。要善于把握社会发展的脉搏，对社会大环境作出分析，如社会政治、经济的发展趋势，社会热点职业门类的分布和需求情况，自己所学专业在社会上的需求形势，自己所选择单位的未来发展情况及在本行业中的地位、市场占有率和趋势等。最后，在规划职业生涯目标时，最好优先考虑适合本专业的职业，这样可以免去很多烦恼，不会因为专业与工作不对口等问题而心生烦躁。

2. 重视学业成绩，做好学业规划

成绩虽然不能作为衡量英语师范生在大学阶段成功与否的唯一标准，但一张优异的成绩单在某种程度上仍然可以反映其学习态度、专业理论水平及专业素养。因此，认真学习教学计划规定的相关课程是英语师范生就业能力培养的主渠道。

(1) 虚心请教师长，慎重选择课程

师范生在课程规划时要以利于自身专业知识的增长和专业知识框架的建构为主要考虑因素。要对课程内容的难易程度加以判断，对所选课程与专业成长和个人素质提高的相关性作深入思考，优先选择具有学校特色、学术水准和专业特色的课程，这些课程的比重对学生学业水平的高度有着重要影响。如果只选修容易的课程，会严重影响自己学业水平的提高。课程规划不宜急于求成，尽量不要将需要学习的所有理论课程都集中在前两个学年，过于集中会给自己带来巨大的挑战。

在学校期间，除做好选课外，英语师范生应努力考取英语专业四级和英语专业八级证书。此外，还应根据自己的职业规划，努力考取国际英语教师资格证书、剑桥商务英语证书、翻译专业资格(水平)考试证书和英国 TKT 证书等，以拓宽就业渠道，促进职业发展。

(2) 端正学习态度，提高学习效率

英语师范生要熟悉课程的基本要求和考核标准，掌握课程的重点和难点，认真对待各种形式的考核和考试，按时、高质量地完成作业；要树立正确的学习态度，不断养成自觉的学习精神，让学习成为自己丰富学识、增长才干的重要源泉；要集中精力，充分利用学习时间，提高学习效率，取得好的学习效果。

3. 重视校园活动，打造自我个性

五彩缤纷的校园文化活动能够丰富大学生的业余生活，为学生提供展示自我能力与发挥创造力的舞台，开阔眼界，增加人生阅历，提高综合素质。社团活动日益蓬勃，功能日渐彰显，已成为构建校园文化的主力。

(1) 在社团活动中提升综合素质

社团是个大熔炉，与志同道合的校友交往，可以学习新的知识，锻炼自己的能力，提升综合素质。社团大多通过面试、实习两个步骤来选择新成员，并组织成员开展丰富的活动，如英语演讲、摄影培训、书画展出、主题辩论、新闻采写、报纸编排、体育比赛等，提供了各种各样的机会。很多学生在加入社团后，明显地感觉到自己的沟通能力、组织能力、表达能力、处事能力等都有进步，性格也更加开朗乐观。

(2) 在社团活动中培养团队意识和责任意识

在一个团队中，只有每个成员都最大限度地发挥自己的潜力，并在共同目标的基础上协调一致，才能发挥团队的整体威力，产生整体大于各部分之和的协同效果。参与社团活动有助于培养学生的团队意识和责任意识。学生在参加活动的时候会时刻感受到集

体的荣誉感，这样使自己更有责任心，在社团内形成团结互助、平等友爱、共同前进的人际关系，潜移默化地使其团队意识得以增强。

(3) 在社团活动中收获成长的快乐

每一次的社团活动，或是引起心灵的回应，或是使学生增长见闻，或是对事物有了更深刻的理解，或是强化了自己对社会责任的认同，或是将自身的特长再次提高，或是提升了自己的思想境界。参加校园社团活动，在过程中体会自己的进步，保持一颗平常心，不因是否获奖而患得患失，始终保持积极的心态，丰富自己，体验成长。

4. 加强实习实践，提升职业能力

按照师范生参加社会实践活动的目的不同，可以把社会实践活动分为职业实习、勤工俭学和志愿服务三种类型。英语师范生应当充分接触最新的外语教育理念，有选择地参加社会实践，积累宝贵的社会经验，努力提升自己的职业能力。

(1) 职业实习

职业实习是以就业力建设、就业力提升为目的的社会实践活动。缺乏经验是现代大学生普遍存在的短板，也是造成应届毕业生就业率低的一个重要因素。因此，大学生应尽量让自己在大学四年里接触社会，在实践中取得经验。

教育实习是师范生成长为一位合格教师的必经之路，也是师范生教学生涯的开始。教学实习任务主要包括钻研教学大纲和教师参考书等资料，认真备课，编写详细教案，做好试讲、上课、辅导、批改作业、讲评、成绩考核、班级管理以及组织课外学习活动等工作。实习时要时刻牢记"为人师表，严谨治学"的使命，充分发挥主观能动性，把在大学课堂上所学的理论知识和教学实践相结合，在实践中学，在学中实践，认真开展教学工作和班主任实习工作。

此外，英语师范生还可以参加科技、教育、文化"三下乡"暑期社会实践活动、支教以及有助于拓展职业素质能力的非教育职业实习，如利用业余时间参加某公司的实习活动等。

(2) 勤工俭学

勤工俭学是基于经济目的的社会实践活动，是学校组织的或学生个人从事的有酬劳动，用以助学。随着国家教育体制改革和素质教育的全面展开，勤工俭学已成为大学生实践活动的重要环节之一。勤工俭学，一方面可以缓解家庭的经济压力，另一方面可以增加学生的社会经验，丰富人生阅历，锻炼意志，体验自立。值得注意的是，如果勤工俭学仅仅是为了钱而牺牲了大量的学习时间是没有意义的。

(3) 志愿服务

志愿服务是基于社会公益目的的社会实践活动，对于大学生而言是一个非常重要的实践方式。首先，可以更多地了解社会，更好地将专业发展与社会需求相结合，树立更加科学的就业观和明确择业目标。其次，可以巩固专业知识，提升专业技能，达到学以致用、用以促学的目的。再次，可以强化人际交往能力、组织协调能力和团队协作能力。

最后，可以磨炼意志，提高心理受挫能力。

5. 正确认识就业形势，转变就业观念

职业目标是人生定位的重要方向，大学生择业前必须做好充分的准备，避免走进各种误区。

(1) 自我认知误区

对自己不了解，评价过高或过低，都会在前途选择时遭遇挫折。有的大学生自视过高，或留恋大城市，或一心希望能步入名气响亮的单位，或钟情于事业单位，但结果是事与愿违；而有的大学生，自我评价过低，胡乱签一个单位，事后又后悔不已。

(2) 择业观念误区

有的大学生有着高学历情结，认为学历越高工作越好找，人生价值也会越大，却没有认真考虑过这种选择能否实现、是否适合自己。有的大学生则认为城市越大个人前途就越好，择业时不考虑自身条件，挑三拣四、瞻前顾后，以致错失良机。

(3) 择业心理误区

有的毕业生盲目自信，好高骛远、浮躁自满而高估自己的优势；有的则畏首畏尾、妄自菲薄，充满自卑；有的喜欢跟周围同学进行盲目攀比，以别人的择业标准来给自己定位；还有的毕业生对父母与老师过分依赖不求进取。

7.3 英语师范生职业生涯规划

职业生涯规划，也称职业生涯设计，是指结合自身以及环境相关因素，在对主客观条件进行测定、分析、总结的基础上，对自己的爱好、兴趣、能力、特点进行综合分析与权衡，结合时代特点，根据自己的学业和职业倾向，确定最佳奋斗目标，并为实现这一目标作出行之有效的安排。

7.3.1 职业生涯规划理论

职业生涯规划理论有诸多学派，其中特质因素理论、职业生涯发展五阶段理论、职业兴趣理论、职业锚理论和认知信息加工理论是具有代表性的理论。

1. 特质因素理论

特质因素理论又称人职匹配理论，是最早的职业辅导理论。1909 年美国波士顿大学教授弗兰克·帕森斯 (Frank Parsons) 在其《选择一个职业》中提出，人与职业相匹配是职业选择的焦点。特质是指个人的人格特征，包括生理条件、能力倾向、兴趣、价值观和人格等心理条件，这些都可以通过测量或量表等工具加以评测。因素是指职业所需

的各种因素，包括职业成功的资格和必备条件、职业环境、酬劳、机会、发展前景等。他提出了职业设计的三要素模式：其一，清楚地了解自己，包括性格、能力、兴趣、自身局限和其他特质等；其二，了解各种职业必备的条件及所需的知识，在不同工作岗位上所占有的优势、不足和机会、前途；其三，上述两者的平衡。

帕森斯认为人职匹配分为两种类型：其一，因素匹配。简言之，即活找人，例如需要有专门技术和专业知识的职业与掌握该种技能和专业知识的择业者相匹配，而脏、累、苦劳动条件很差的职业，需要有吃苦耐劳、体格健壮的劳动者与之匹配。其二，特性匹配。简言之，即人找活，例如具有敏感、易动感情、不守常规、个性强、理想主义等人格特性的人，适宜从事自我情感表达的艺术创作类型的职业。在职业指导过程中，特质因素理论的核心是人与职业的匹配，其理论前提是每个人都有一系列的独特性，并且可以客观而有效地进行测量。为了取得成功，不同职业需要配备不同特性的人，而且人职匹配是可能的。个人特性与工作要求之间配合得越紧密，职业成功的可能性越大。

特质因素理论强调个人所具有的特性与职业所需要的素质与技能(因素)之间的协调和匹配。为了对个体的特性进行深入详细的了解与掌握，该理论十分重视人才测评的作用。特性因素论是以对人的特性进行测评为基本前提，首先提出了在职业决策中进行人—职匹配的思想，奠定了人才测评理论的理论基础，推动了人才测评在职业选拔与指导中的运用和发展。

同时，特质因素理论存在一定的局限，在一定程度上忽视了人的主观能动性。它过分强调个体特质与职业因素的相互适应，尤其注重个体特质对职业因素的适应而忽视个体主动进取和改变环境的创造潜能，同时忽略了个体特质本身也会随着环境等因素的变化而不断发展和变化。职业选择是一个复杂的过程，择业者仅凭此理论难以科学地规划职业。

2. 职业生涯发展五阶段理论

20世纪50年代，美国职业规划大师舒伯(Donald E. Super)系统地提出了有关职业生涯发展的观点，把职业生涯的发展看成一个持续渐进的过程，由童年开始，一直伴随人的一生。他将人的一生分为五个阶段：成长、探索、建立、维持和衰退。在不同的生命周期，职业生涯规划处于不同的阶段，每个阶段的规划内容和重点也有所区别，但各阶段的职业生涯规划又是连续的、互相影响的，从而形成贯穿人生发展始终的、完整的职业生涯规划过程。

(1) 成长阶段(0～14岁)

成长阶段属于认知阶段，认同并建立起自我概念，以幻想、兴趣为中心，随着年龄的增长逐步有意识地培养职业能力。成长阶段包括三个时期：一是幻想期(0～10岁)，以"需要"为主要考虑因素，对于自己觉得好玩和喜爱的职业充满幻想，并进行角色扮演；二是兴趣期(11～12岁)，以"喜好"为主要考虑因素，理解、评价职业，开始作职业选择；三是能力期(13～14岁)，以"能力"为主要考虑因素，会考虑工作要求的条件。到了14岁，人的大脑发育基本完成，自我概念、行为习惯和学习能力基本形成，这些对一个人以后的发展是至关重要的。同时，这个阶段也是天赋展现和兴趣发展的重要阶段，尤其艺术和运动天赋都是在这个阶段展现出来的。当然，舒伯对成长阶段的年龄划分一直引发一定的质疑，多数学者认为这一年龄阶段界定为 3～14 岁更为科学合理。

(2) 探索阶段 (15～24 岁)

探索阶段主要通过学校学习进行自我考察、角色鉴定和职业探索，完成择业及初步就业。这个阶段发展的任务是使职业偏好逐渐具体化、特定化并进一步实现。探索阶段包括三个时期：一是试探期 (15～17 岁)，考虑需要、兴趣、能力及机会，作暂时的决定，并在幻想、讨论、课业及工作中加以尝试；二是过渡期 (18～21 岁)，进入就业市场，更重视现实，并力图实现自我，将一般性的选择转为特定的选择；三是试验期 (22～24 岁)，生涯方向初步确定并试验其成为长期职业生活的可能性，若不适合则可能再经历上述各时期以确定方向。探索阶段是一个人职业发展期间困惑最多的时期，不仅面临高考后大学专业的选择，而且在大学毕业时面临职业的抉择，这两大选择对一个人的职业发展有着巨大的影响。

(3) 建立阶段 (25～44 岁)

建立阶段是一个人最终确定自己的职业到稳定发展的阶段，是职业生涯中最为核心的部分。由于经过上一阶段的尝试，不合适者会谋求改变或作其他探索。这个阶段发展的任务是调整、稳固并求上进。此阶段包括两个时期：一是尝试期 (25～30 岁)，一般是刚入职不久，处于职业的不稳定期，跳槽现象比较频繁。对于大部分没有职业规划的人来说，这个阶段还处于职业尝试期，他们通过不断变换工作来判断自己到底适合什么职业。二是稳定期 (31～44 岁)，个体致力于工作上的稳固，是个人职业发展的黄金时期。这个时期身体机能处于良好状态，职业能力也达到了很高水平，业绩优良，处于最具创意时期。

(4) 维持阶段 (45～64 岁)

维持阶段属于升迁和专精阶段，发展的任务是维持既有成就与地位。经过 20 多年的奋斗，一般人已经在职业的发展上到达顶峰。同时，这个阶段人的身体状况开始走下坡路，再加上需要分配更多的精力来照顾父母、关注子女的教育，所以这个阶段也在为退休作准备。少部分人会面临新的挑战，冒险探求新领域，寻求新发展。

(5) 衰退阶段 (65 岁以上)

衰退阶段属于退休阶段，多数人已经离开工作岗位，退出职业领域。这一阶段往往寻求不同方式以替代和满足自我新的需求，注重发展新的角色。

当然，舒伯的职业生涯五个阶段的划分是针对一般情况来说的，现实生活中每个人的职业发展并不一定受此制约，而且年龄的划分也是相对的。

3. 职业兴趣理论

职业兴趣理论是 1959 年美国约翰·霍普金斯大学心理学教授、著名职业指导专家约翰·霍兰德提出的将人格类型和环境类型相匹配的职业规划理论。根据该理论，人的人格类型、兴趣与职业密切相关，而职业兴趣与人格之间存在很高的相关性。人的性格和职业环境都可划分为社会型、企业型、常规型、现实型、研究型和艺术型六种，如表7-1所示，每一种个人特质在对应的职业环境类型中工作最协调和匹配，由此获得的职业满意度、稳定性与成就感也最高。

表7-1 职业兴趣理论表

类型	人格特征	典型职业
社会型	喜欢与他人交往和共事，寻求广泛的人际关系，愿意结交朋友，善谈并喜欢教导别人；关心社会问题，渴望发挥自己的作用，比较看重社会义务和社会道德	适合从事向他人提供启迪、信息、培训、帮助等的职业，如社会工作者、教育工作者等
企业型	具有领导才能，追求权力、权威和物质财富；喜欢竞争，敢于冒险，有抱负；为人务实，做事有较强的目的性，通常以权力、地位、金钱等来衡量做事的价值	要求具备经营、管理、劝服、监督和领导才能，以实现社会及经济目标的工作，如项目经理、营销管理人员、销售人员、政府官员、企业领导、律师、法官等
常规型	尊重权威和规章制度，喜欢按计划办事，习惯接受他人的指挥和领导。通常较为谨慎和保守，缺乏创造性，不喜欢冒险和竞争，富有自我牺牲精神	要求注重细节、有系统、有条理，可从事记录、归档和处理文字信息的职业，如办公室人员、秘书、会计、记事员、行政助理、打字员、出纳员、图书馆管理员、投资分析员等
现实型	愿意使用工具，从事操作性工作，动手能力强，做事手脚灵活；偏好于具体任务，不善言辞，做事保守，较为谦虚；通常喜欢独立做事	使用工具、机器，从事需要基本操作技能的工作，如修理工、农民、摄影师、厨师、木匠、制图员、技工、计算机硬件人员等
研究型	抽象思维能力强，求知欲强，肯动脑；喜欢独立的和富有创造性的工作；知识渊博，不善于领导他人；考虑问题理性，做事喜欢精确，喜欢逻辑分析和推理，不断探究未知的领域	承担抽象的、分析的、智力的、独立的定向任务，要求具备分析才能进行观察、估测、衡量、形成理论并最终解决问题的工作，如科研人员、教师、工程师、计算机编程人员、医生等
艺术型	富有创造力，乐于创造新颖、与众不同的成果，渴望表现自己的个性，实现自身的价值；做事理想化，追求完美；具有一定的艺术才能和个性	喜欢的工作要求具备艺术修养、创造力、表达能力和直觉，如演员、导演、雕刻家、歌唱家、作曲家、小说家、诗人、剧作家、建筑师、摄影家等

4. 职业锚理论

美国著名职业生涯管理研究者、麻省理工学院施恩教授，在其1978年出版的《职业动力论》一书中率先提出职业锚理论。职业锚是个人同工作环境互动作用的产物，是指当一个人必须作出选择时无论如何都不会放弃的职业价值观，强调个人能力、动机和价值观三方面的相互作用与整合。职业锚问卷是一种职业生涯规划咨询、自我了解的工具，能够协助组织或个人进行更理想的职业生涯发展规划。

施恩教授最初提出的职业锚理论包括职能型、管理型、独立型、稳定型以及创业型五种类型。在 20 世纪 90 年代，施恩教授又发现了三种类型的职业锚——服务型、挑战型和生活型，并推出了职业锚测试量表。

(1) 职能型职业锚

职能型的人追求不断提高自身在技术或职能领域的技能，并寻求应用这种技术或职能的机会；注重自身的专业水平，喜欢面对专业领域的挑战。

(2) 管理型职业锚

管理型的人追求工作晋升，致力于独自负责一个部分，可以跨部门整合其他人的努力成果；想承担整个部分的责任，并将公司的成功与否看成自己的工作；具体的技术/功能工作仅仅被看作通向更高、更全面管理层的必经之路。

(3) 独立型职业锚

独立型的人希望随心所欲安排自己的工作方式、工作习惯和生活方式；最大限度地摆脱组织的限制和制约，追求能施展个人能力的工作环境；宁愿放弃提升或工作提升机会，也不愿意放弃自由与独立。

(4) 稳定型职业锚

稳定型的人追求工作中的安全与稳定感，可以预测将来的成功，从而感到放松；关心财务安全；尽管有时可以达到一个高的职位，但并不关心具体的职位和工作内容。

(5) 创业型职业锚

创业型的人希望使用自己的能力去创建属于自己的公司，愿意冒险去克服面临的障碍；想证明公司是靠自己的努力创建的；可能正在别人的公司工作，但同时在学习并评估将来的机会，一旦时机到了，便会出去创业。

(6) 服务型职业锚

服务型的人追求自身认可的核心价值，追寻为他人服务的机会。

(7) 挑战型职业锚

挑战型的人喜欢解决难题，战胜强大的对手，克服无法克服的困难；选择职业主要考虑的因素是允许他们去战胜各种不可能；新奇、变化和困难是他们的终极目标。

(8) 生活型职业锚

生活型的人喜欢平衡个人、家庭和职业的需要，希望将生活的各个主要方面整合为一个整体，倾向于一个能够提供足够弹性的工作环境，甚至可以牺牲职业。

5. 认知信息加工理论

1991 年，美国心理学家盖瑞·彼得森、詹姆斯·桑普森和罗伯特·里尔登出版了《生涯发展和服务：一种认知的方法》一书，阐述了一种全新的方法来思考职业生涯发展规划。这种方法被称作认知信息加工方法 (cognitive information processing，CIP)。

认知信息加工理论按照信息加工的特性，构建了信息加工金字塔模型。该模型共分为三层，由下往上分别为知识领域、决策技能领域和执行加工领域。位于塔底的是知识领域，即获取包括自我知识和职业知识在内的信息。自我知识主要是通过自我测评和自我分析来了解自己的价值观、兴趣和技能,而职业知识是通过探索职业世界理解特定的职业、专业及其组织方式。

模型的中间层为决策技能领域,将信息按照 CASVE 循环进行加工处理,包括沟通 (communication)、分析 (analysis)、综合 (synthesis)、评估 (value) 和执行 (execution) 五个环节。首先,沟通包括内部沟通和外部沟通,目的是识别问题的所在。个体在探索职业世界的时候,主要是与他人沟通,确保职业信息的准确性。其次,将问题的各部分联系起来,对得到的信息进行全面分析,考虑各种可能性。再次,把掌握的信息进行综合,形成选项。从次,根据自己的标准体系,对选项进行次序排列。最后,对选项作出选择,采取行动把问题解决掉。

模型的顶层是执行加工领域,也就是元认知,是一个人所具有的关于自己思维活动和学习活动的认知及实施的控制,是调节认知过程的认知活动,贯穿信息加工全过程。元认知主要涉及内在对话、自我觉察以及控制和监督。

认知信息加工理论将人脑与计算机进行类比,把人脑看作类似于计算机的信息加工系统,认为人的认知过程就是对信息的加工过程。知识领域类似于计算机的数据文件,需要进行存储。自我知识和职业知识构成职业生涯规划的基础,没有全面而准确的知识,个人就无法作出恰当的职业生涯决策。决策技能领域相当于计算机的程序软件,对所存储的信息进行加工处理。CASVE 循环提供了一种适用于职业生涯中解决问题的通用方法。而执行加工领域则相当于计算机的工作控制功能,按指令执行程序,对上述两个领域的状况进行监控和调节。由此可见,认知信息加工理论为职业生涯规划和职业咨询提供了可操作的框架和流程。

7.3.2 职业生涯规划的方法

找工作最重要的就是人岗匹配,适合自己。分析、定位是职业生涯规划的首要环节,它决定着个人职业生涯的方向,也决定着职业生涯规划的成败。因此,要科学地制定职业生涯规划,必须掌握正确的方法,遵循科学的步骤。在生涯规划中,最常用的两种方法是 SWOT 分析法和职业生涯规划 5W 法。

1. SWOT 分析法

20 世纪 80 年代初,美国旧金山大学管理学教授韦里克提出了 SWOT 分析法。SWOT 是优势 (strengths)、劣势 (weaknesses)、机会 (opportunities) 和威胁 (threats) 四个英语单词的缩写。韦里克教授主张综合考虑企业内部条件和外部环境的各种因素,进行系统评价,从而选择最佳经营战略。S 和 W 是内部因素,通过分析组织内部实力、比较竞争对手,策划者可以看到策划客体的优势和不足,从而避开祸害,追求利益。O 和 T 是外部因素,基于环境对组织的影响力,通过分析机会与威胁,帮助策划者与实施者准确抓住策划时机,坚定实施信心,并主动克服各种困难和障碍。因此,SWOT 分析法是把这四方面因素通过调查罗列出来，并根据各种因素的轻重缓急或影响程度等排序，形成 SWOT 矩阵，然后运用系统分析的思想，把各种因素相互匹配起来加以分析，得出一系列相应的结论。

当我们面临职业选择的时候，可借鉴 SWOT 分析法。首先，把要解决的问题清楚地表述出来，然后将其转变成一个具体的目标。在确立问题、明确问题的同时，要考虑自身内部因素和外部环境。一般来说，进行 SWOT 分析时应遵循三个步骤。

(1) 评估自身的优势和劣势

在制定职业规划时要想实现人岗匹配这一目标，首先要客观地评价自身的优势和劣势。在专业分工越来越精细的今天，每个人都不可能样样精通，只有正确地认识自己，才能作出明智的决定。

首先，发掘自己的优势，列出自己具备的能力、品质、人生经历和经验，如在学校期间担任学生会或班级干部，组织或参与社会实践等，分析一下自己的知识结构和特长，清点一下已经取得的职业资格证书和专业证书，回想一下自己取得的最好的成绩并分析原因。其次，找出自己的不足，特别是与竞争对手相比不占优势的方面。

同时，进行自我评估时要客观公正，既要考虑职业素质的要求，又要考虑个人的优缺点，既不能盲目自大，也不要妄自菲薄。要保持谦虚的态度，善于学习别人的长处，弥补自己的短板。

(2) 挖掘职业机会和威胁

无论什么行业都面临不同的外部机会和威胁，所以，挖掘出这些外界因素将有助于成功地找到一份适合自己的工作。百年大计，教育为本，教育是社会进步的源泉，教师职业工作环境单纯，对教师本身的专业技能要求较高，社会地位和待遇也相对较好。学校浓厚的文化氛围和学术气息，有助于自身的修养得到进一步提升。

对于大学生而言，外部因素往往难以驾驭，难以深刻体会和了解。学校应联合社会、企业建立相应的信息机制，如不定期举办职业讲座、创建各招聘单位与大学生的职业对话平台等，更好地帮助大学生了解行业信息。

(3) 制定详尽的职业规划方案

分析内部因素和外部因素，明确自己的职业方向后，接下来就要制定详尽具体的职业规划方案，应包含近期目标、中期目标和远期目标。现以英语师范专业为例，近期目标是在大一、大二阶段，认真学好专业知识，提高自己的英语综合应用能力，掌握基本的教学理论和基本技能，考取各种专业证书和职业资格证书，为以后走上工作岗位夯实基础。中期目标是在大学三年级至毕业阶段，认真撰写毕业论文，顺利通过毕业答辩，获得本科毕业证书和学位证书。同时，为考研作准备，从大三开始学习考研科目，力争考取硕士研究生。如果上述方案进展不顺利的话，应该调整职业规划，可参加教师编制或公务员考试，再考取在职研究生。远期目标是毕业后五年内成为一名教学经验丰富、有一定科学研究能力和教改能力的青年骨干教师。

确定近期、中期和远期目标后，还要根据每个阶段的目标制定具体的行动方案，将总体目标细化为若干具体目标,并在设定期限内采取具体措施逐一实现。现以英语师范生的近期目标如何细化为例。首先,在大学前两年应认真学好每门专业课,顺利通过课程考核。具体措施为每天做好预习,认真听课,课后做好复习和反思,完成教师布置的各项作业。其次,在大二利用寒暑假时间学习计算机基础知识和应用,考取计算机应用能力二级证书。具体措施是选择经验丰富的培训机构,系统学习计算机知识。最后,不断丰富自己的经历。具体措施为争取获得和老师一起做科研的机会,积极参加学校组织的各项竞赛和活动,竞选学生会或班级干部,寻求担任志愿者的机会,利用周末或寒暑假去教育机构做兼职教师,获取教学经验。

面对纷繁复杂的就业市场,如何根据就业市场和个人职业目标合理地作出规划,是每一名毕业生必须面对的问题。尽管做好职业分析的难度很大,但是进行一次详尽的个人 SWOT 分析是事半功倍的。通过 SWOT 分析,列出自身和行业的优势和劣势以及面临的机会和威胁,使复杂的信息明朗化,将有一个连贯的、实际可行的个人职业策略供参考。

2. 职业生涯规划 5W 法

在进行职业生涯规划时,5W 法是一种简便易行、被广泛应用的方法,采用归零思考的模式,通过回答 Who are you?(你是谁?)、What do you want?(你想做什么?)、What can you do?(你会做什么?)、What can support you?(环境支持或允许你做什么?)以及 What can you be in the end?(你的职业和生活规划是什么?)五个问题,来帮助确定自身的职业生涯规划,明确未来的发展目标,找寻适合自己的理想职业。具体做法为:准备五张白纸、一支铅笔、一块橡皮。在每张纸的上方分别写上一个问题,然后平心静气,排除一切外在的干扰,按照顺序仔细地思考每一个问题。

(1) Who are you?

面对这一问题时,需要对自己作一个深刻的反思,全方位地认识自己,全面评估自己的学历、所学专业、兴趣、爱好、动机、能力、特长、技能等,在白纸上真实地写出每一个想到的答案。例如:我是一名普通高等院校英语师范专业的本科生,喜欢学习英语,对英语教学感兴趣;喜欢观赏奥斯卡大片,喜欢阅读外国经典文学作品,喜欢听经典的英文歌曲;擅长打篮球、游泳;性格开朗大方,喜欢交朋友,乐于助人。写完后再进一步确认是否有遗漏,然后按重要性进行排序。

(2) What do you want?

不同的年龄会有不同的梦想,随着年龄的增长,自己向往的事情也会不断发生变化。闭上双眼,回忆一下自己从孩童时代的梦想,并逐个记录下来,认真地进行排序。例如:5 岁时,我生病了,妈妈带我去看医生,那时我一心想着长大后要成为一名救死扶伤的医生;7 岁时认识了隔壁家的工程师叔叔,认为做一名工程师很伟大;上学后,班主任老师的细心呵护、谆谆教导让我懂得了老师的伟大,梦想着将来也要从事太阳下最光辉的职业,随着年龄的增长,这个梦想已经根深蒂固,时刻激励我朝着这个目标努力奋斗。

(3) What can you do?

精心地思考一下自己的能力、特长以及可待挖掘的潜质，把已具备的能力和自认为还可以开发出来的潜能一一罗列出来，并进行排序。例如：通过了专业英语八级，具备一定的听、说、读、写、译技能，能熟练运用计算机办公软件，普通话达到了二级甲等水平，已经获取了初中英语教师资格证；擅长组织开展文体活动，具有较强的沟通能力和人际交往能力，能和他人合作共事；在接下来的两年里，能够进一步提高自己的英语应用能力和各项教学基本功。

(4) What can support you?

按照从小到大的顺序，将自己有可能借助的环境都列在考虑范围内。认真想想自己在这些环境中可能获得什么支持，一一罗列，再按重要性排列。例如：出生在一个教师世家，父母是高校教师，从大一开始他们就督促我考取各类资格证，提升自己的综合素质；目前就读的是一所普通高等院校，校内老师教学水平总体不错，无论在英语运用还是教学理论方面都能给我提供大量的帮助和指导；所在的省市每年都有教师编制考试，所在城市有教师编制考试辅导班，只要不懈地努力，就有机会成为一名正式的在编教师；国家和本地政府部门都十分重视教育，教师薪酬和待遇都十分理想，教师岗位受到全社会的尊重。

(5) What can you be in the end?

将前四题的答案依次排开，用不同颜色的笔将答案相近的内容涂上相同的颜色，再将它们连成一条线，就能得出自己职业生涯的方向。以三年作为一个周期，罗列出近期、中期与远期的目标，然后在近期的目标中明确提出今年的目标，将其细化为季度目标、月目标和周目标，每天按照既定的目标去努力。例如：根据前面四道题的答案，综合分析，适合担任一名中学英语教师，近期目标是通过英语专业四级考试，中期目标为冲刺英语八级考试和考取教师资格证书，远期目标是考取教师编制，成为一名出色的中学英语教师。

7.3.3 职业生涯规划的步骤

从历年就业数据来看，大部分英语师范生的就业方向是在学校或教育机构从事教师职业。对有关教师职业发展的各个方面进行预设和规划是英语师范生的大学必修课之一，应遵循以下步骤。

1. 正确认识自身素质和发展需要 (知己)

全面梳理自身成长经历，挖掘自己的优势和潜能，认清自己的劣势。通过自我观察认识自己，经常反省自己在日常生活中的点滴表现。自我反思应尽量全面、客观，用发展的眼光来看待自己。既要看到自己的外在形象，如外貌、衣着、举止、风度、谈吐等，也要看到自己的内在素质，如学识、心理、道德、能力等。尊重他人的态度与评价，冷静分析，既不盲从，也不忽视。例如：现在处在成长阶梯的哪 阶段，有哪些成长的经验，有哪些因素影响了自己的成长，自己未来成长的可能性有哪几种及各自的可能性有多大，个人的终极愿望和需要是什么，计划通过什么途径达到这样的目标等。

2. 正确分析职业前景和专业前景（分析）

英语师范生应对意向选择的行业进行充分的了解，通过多种方式进行行业分析，包括行业文化、发展领域和福利待遇等。要对自己将要从事的职业深入思考，如职业的发展前景、具体岗位的专业前景等。近年来，由于稳定性、自主性和待遇优，教师成为最受期待的职业之一。英语师范生兼容师范和外语两个学科，其优势显而易见。

3. 充分了解意向就业单位（知彼）

学校或教育机构是英语师范生职业发展的主要去向，英语师范生可从以下几个方面着手：意向就业单位的实力和发展潜力、提供的发展空间及资源等。一方面，随着教师绩效改革，教师职业的含金量越来越高，因此当前教师越来越受到社会的关注和认可。学校的发展资源主要包括运行制度、办学思路、可开发的课程资源和教师的总体素质等。另一方面，近年来，教育机构的快速发展、较高的薪资吸引了大批英语师范生。教育机构的发展资源主要包括品牌影响力、办学理念、办学规模、师资情况和发展提升的空间等。

4. 确定职业发展目标（决策）

确定职业发展目标是职业生涯规划的关键，英语师范生应根据个人的特点、兴趣、能力和经历等，制定适合自己的目标。目标包括远期目标、中期目标和近期目标：远期目标注重长远发展，需要经过长期努力才能实现；中期目标要求阶段性目标清晰，工作重点明确；近期目标对人的影响更直接，要目标具体、行动明确、弹性适度。对于在公立学校任教的教师来说，成为高级教师、模范教师或者特级教师，是大多数教师的目标。教师的远期目标还应当是教育水准的不断提升，教育思想的渐进深刻，教育影响的持续拓宽。每一所学校都既有以教学见长的教学型教师，又有以教育教研见长的教研型教师，同时也有以学校经营管理见长的领导型教师。英语师范生应根据自身的知识结构、职业素养及思维方式选择适合自己的发展路径。

5. 制定并执行职业生涯规划书（行动）

职业生涯规划书的制定有助于英语师范生实现自身的职业生涯发展目标，是英语师范生为实现自己的职业目标制订的具体行动计划。在进入职场之前应根据自己所学以及所感兴趣的行业确定一个大概的方向。每一个阶段应该有不同的目标，每一年都应该有特定的目标，从而确保自己在岗位上越做越好。要尽早确定行业，把自己以往的学习进行一个系统的梳理，从而突出自己的专业性，如果在学习期间有所突破则要重点表达一下。职业生涯规划要联系以往的生活进行一些系统的说明，从而让自己所写的内容更加具体化。在最后的部分，要对未来的美好职业生涯进行一个热情的期待，作为一个梦想不断地激励自己前进。

6. 职业生涯规划的动态适应（修正）

任何事物都是发展变化的，计划也要根据实际变化来适时调整。影响职业生涯规划的因素诸多，有的是可以预测的，有的则难以预测，需根据变化不断地对职业生涯规划进行评估与修订。评估的要点：监控行动的进程和结果，预计目标实现过程中可能出现的困难和障碍，提前拟订备用方案，将反馈评估的重点放在目标计划的完成情况上。修订的内容：职业生涯路线的选择、人生目标的修正以及计划和行动的变更等。

7.3.4 英语师范生职业生涯规划书示例

面对竞争日趋激烈的就业市场，"凡事预则立，不预则废"，大学生职业生涯规划具有十分重要的意义。从客观上来说，大学生在高考之前就应当制定符合自身实际情况的职业生涯规划，选择满足社会发展需要和自己感兴趣的专业。进入大学后，要重新认识自我，调整和确定个人职业生涯规划，并积极做好知识、技能、思想、心理等诸方面的准备，努力实施生涯规划。下面以一名大学三年级英语师范生的职业生涯规划书为例，供借鉴参考。

英语师范生职业生涯规划书

光阴似箭，日月如梭，不知不觉间我已度过大一、大二的懵懂时光。还记得刚刚步入大学校园时，我对自己的未来一片迷茫，对英语师范专业一知半解，更不清楚未来要从事什么职业。在接下来的两年中，在老师的引领下，我对英语师范专业有了初步的认识和了解。现在，我已经是一名大三的学生，意味着在不久的将来，我将走向社会，加入竞争激烈的就业大军。在今天这个到处充满激烈竞争的时代，我若没有一技之长，一脸茫然地踏入社会，怎能在社会上立足？作为一名英语师范生，我开始思考在机遇与挑战并存的社会我要从事什么职业才能更好地发挥自己的特长，为社会尽一己之力来实现自我价值。大学生涯是人生中最美好的一段时光，为了不给自己留下遗憾，我决定为接下来的两年光阴制定一份职业规划，明确自己未来的职业目标，将理想细化，并付诸行动。

1. 自我分析

(1) 兴趣爱好

兴趣广泛，喜欢观看欧美英语大片、阅读西方文学经典作品，爱好音乐和绘画，喜欢打羽毛球、乒乓球，积极参加校园的各种文体活动、社会实践活动和各类竞赛；乐于帮助他人，常常利用寒暑假进行社会实践，担任志愿者，并在社会实践中能够获取满足感。

(2) 性格

开朗大方、乐观向上，喜欢和他人交往，乐于帮助他人，但有时会比较敏感，偶尔会因为小事影响心情；做事有计划、有耐心，条理清晰，吃苦耐劳，踏实肯干，充满自信，处变不惊；具有较强的时间观念，生活比较有规律，爱整洁；有主见，善于思考，具有较强的逻辑思维能力，一旦作出决定，能够持之以恒，但有时会固执己见，缺少灵活性，时常会纠缠于细节。

(3) 职业价值观

所选职业给予的薪酬，应能够使我在经济上获得独立，不再依赖父母，能够满足生活所需；所选职业要符合我的兴趣，使我在工作中获得乐趣和成就感。我认为一个理想的职业能够让人充分地发挥自己的主观能动性和特长；能够提供一个平台，可以全面地施展自己的专业技能，实现自身价值；能够提供培训和深造的机会，以丰富和提升自己的经验与阅历。我比较看重工作单位的人际关系，渴望和谐、友好的工作环境。

(4) 能力

我普通话达到了一级乙等水平，能够讲较为标准的普通话；具备英语听、说、读、写、译的综合运用能力，英语水平已通过专业四级测试；系统学习了教育学和心理学的理论知识，掌握了一定的教学理论，并通过社会实践获取了一定的英语教学经验；具有较强的环境适应能力、沟通能力和团队精神，愿意和他人合作共事；能够一丝不苟、认真专注地对待具体问题、事实和细节；善于思考，逻辑思维较强；踏实认真，吃苦耐劳。

总体来说，我的性格外向，开朗大方，做事踏实肯干，具有较强的责任心，兴趣爱好广泛，具备一定的从业能力，具备担任一名英语教师的潜质。

2. 职业分析

(1) 社会环境分析

教师被誉为"人类灵魂的工程师"。随着经济发展对人才的需求激增，人们愈来愈认识到教育的重要性，进而更注重从各方面充分发挥教师对培养人才、发展经济的重要作用。随着教师的社会地位越来越高，教师这一职业的从业竞争也愈发激烈。

(2) 职业环境分析

教师行业相对稳定，英语教师的主要工作职责在于根据课程教学大纲认真备课，严格执行教学计划，科学安排英语教学进度，根据教育部门及学校的要求，进行英语课程的讲授、指导、辅导、答疑、考试等各个环节，引导学生正确地比较和对待东西方文化差异。

(3) 学校环境分析

我校的师范专业历史悠久，具有丰富的办学经验，拥有一支具有较高理论水平、较强实践能力、热爱本专业教学工作的师资队伍。教师有较高的教学水平和实践能力，十分重视专业技能的培养。从近几年毕业生就业情况来看，我校毕业生在就业市场上具备一定的竞争力。

(4) 家庭环境分析

父母在经济上不会依赖我，只是希望我能找一份适合自己的相对安稳的工作，能够经济独立、自力更生。

近几年，教师从业竞争变得愈发激烈，就业难度越来越大。如果未来要从事教师这个职业，就必须更加注重自身专业技能的培养，努力提高自己的就业竞争力。

3. 职业定位

通过上面的自我分析和职业分析，我进一步了解了自己的优势和不足，对未来要从事的职业也有了一定的认识，在此基础上进行 SWOT 分析。

	优势因素 (S)	弱势因素 (W)
内部环境因素	性格开朗大方，做事认真负责，吃苦耐劳；具有合作意识，沟通能力较强；参加过社会实践活动，有一定的教学经验	没有去过英语国家体验语言环境，口语不够地道；性格较敏感，偶尔易焦躁；创新能力有待提高
	机会因素 (O)	威胁因素 (T)
外部环境因素	英语在各行各业被广泛应用；熟练掌握英语，就业机会较多，可从事英语教学、翻译、国际文化交流等领域的工作	非985或211院校，非全国一流英语专业，竞争力略显不足；要求具有研究生学历的岗位越来越多，本科学历不占优势

结论：

职业目标	中小学英语教师
具体路径	实习教师→普通教师→优秀/骨干教师→高级教师

4. 计划实施

现在就读大学三年级，即将面临就业或考研，为了将来走向社会能找到一份理想的工作，特制订如下计划。

(1) 近期计划

首先，考取专业技能方面的证书，包括获得专业英语八级等级证书，通过普通话一级甲等测试，考取初中英语学科教师资格证书及计算机水平二级证书等。其次，认真撰写毕业论文，顺利获得毕业证书和学位证书，为考研或就业作准备。再次，利用寒暑假积极参加社会活动，担任志愿者，获取丰富的社会经验和教学经验，为能够更快、更好地融入社会作准备。最后，有意识地弥补自身不足之处，不断提高自己的表达能力、沟通能力、创新能力和解决实际问题的能力，学会独立。

(2) 中期计划

如果顺利就业并成为一名英语教师，我会从实习教师做起，以现代的教育理念为指导，运用先进的教学方法，认真备好每一堂课，兢兢业业上好每一节课，并针对教学中出现的问题不断地进行反思和改进，尽快由一名初进职场、懵懂无知的实习教师成长为教学经验丰富的青年教师。计划用 3～5 年时间，使自己在教学和班级管理方面形成自己的风格，力争每年完成 1～2 篇高质量、高水平的论文或课题研究，努力成为青年骨干教师。

(3) 远期计划

工作 5～8 年，争取在教学和研究上取得一定成绩，成为一名具有丰富教学经验和丰硕教学成果的优秀教师。

5. 评估调整

(1) 评估内容

职业生涯规划是一个动态过程，需要根据实际情况及时进行评估与调整。如果毕业后顺利走上教师岗位，我会积极努力地投入工作；如果不顺利，也会考虑选择其他方向的工作，如翻译或文案类。

(2) 评估周期

一般半年作一次评估，以便根据需要及时调整、更新。

7.4 国际英语教师资格考试

随着市场经济的快速发展，国际交流与合作日益频繁，教育全球化进程不断加速，学校教育与国际接轨成为必然，掌握作为国际性语言的英语显得尤为重要。本节将介绍全球范围内比较具有代表性的国际英语教师资格证书考试，为英语师范生进一步提升专业知识和能力、拓展职业发展前景、提高就业竞争力提供助力。

1. 英国 TKT 证书

TKT(Teaching Knowledge Test，英语教学能力证书) 是剑桥大学考试委员会外语考试部专为全球英语教师开发设计的证书考试，是针对母语为非英语国家的中小学或成人英语教师的英语程度及教学专业知识所设计的一套英语教学能力评量系统。主要检测考生对语言及语言应用基本概念的了解，以及对教学与学习的背景知识与实践过程的掌握。通过考试后，英国剑桥大学语言测评考试院 (Cambridge Assessment English) 将核发剑桥英语教师认证，为教师在英语教学的专业知识的权威性提供了证明。该证书具有国际水准，非常适合在职教师以及毕业后从事英语教学的英语师范专业学生参加。

2. 美国 TESOL 证书

TESOL 全称是 Teaching English to Speakers of Other Languages，即对外英语教学。TESOL 证书是参加 TESOL 课程合格后所取得的证书。TESOL 课程作为英语教育学的专业课程，主题是探讨英语教学的方法和理论、提升英语教学的师资水平。学员通过测评考试和考核，能够获得国际认可的 TESOL 国际英语教师资格证书。目前，英、美、加、澳、新等国有很多有正规资质的 TESOL 教育和培训机构，各机构所颁发的证书在样式上各具特色，互不隶属。

 想一想

章节思考题

1. 结合自身情况，进行自我认知分析。
2. 如何正确认识教师这一职业？
3. 英语师范生就业能力包含哪些？师范生就业能力培养的基本途径有哪些？
4. 英语师范生职业生涯规划的意义何在？职业生涯规划包括哪些步骤？
5. 制定一份职业生涯规划书。
6. 思考是否及如何将考取国际英语教师资格证书纳入个人学业规划。
7. 如何将日常的专业课程学习与考取国际英语教师资格证书相结合？

参考文献

[1] 刁文彬. 论师范生就业能力的培养 [J]. 巢湖学院学报，2007，9(1)：152-154.

[2] 李宪平，郭海峰. 大学生职业生涯规划与就业指导 [M]. 哈尔滨：哈尔滨工业大学出版社，2019：30-31.

[3] 宋国学. 基于可雇佣性视角的大学生职业能力结构及其维度研究 [J]. 中国软科学，2008(12)：129-138.

[4] 涂雯雯，魏超. 大学生职业生涯规划 [M]. 北京：人民邮电出版社，2019：31-114.

[5] 谢志远. 关于培养大学生就业能力的思考 [J]. 教育发展研究，2005(1)：90-92.

[6] 徐琴. 大学生就业力评价指标体系的构建 [J]. 科学评价，2009(4)：111-113.

[7] 王艳，刘洁. 大学生职业生涯规划与就业指导 [M]. 天津：天津大学出版社，2014：27-105.

[8] 赵秋，黄妮妮，姚姚. 大学生就业指导 [M]. 北京：北京师范大学出版社，2020：32-47.